Shirley Yuen

L'arte di essere genitori

Gli insegnamenti di Confucio

Traduzione dall'inglese di
Fabio Bernabei

HERMES EDIZIONI - ROMA

Finito di stampare nel mese di maggio 2008

ISBN 978-88-7938-303-5

Dedicato con amore e gratitudine a mia madre,
Wong Suk Ying, e a mio padre, Yuen Kong Sang.
Il loro amore incondizionato nei miei confronti
ha oltrepassato qualunque abilità educativa
si possa imparare dai libri.

INDICE

RINGRAZIAMENTI

Un grazie di cuore a Wendy Keller, mio agente letterario, che ha condiviso con me opinioni ed entusiasmo per questo libro, persino prima che scrivessi il progetto generale. Grazie mille per avermi aiutata in ogni passo lungo la strada.

Sono molto grata alla mia editor Jennifer Lantane e a tutti quelli della Tuttle Publishing che hanno collaborato nel dare forma a questo libro con la loro perizia e cortese assistenza. La pazienza e la comprensione di cui avete dato prova sono state notevolmente apprezzate.

Sono inoltre riconoscente a tutti gli esperti di educazione dei figli e agli autori di testi sul tema che mi sono venuti in soccorso lungo il mio viaggio in questo sentiero. Un ringraziamento particolare a Bobbie Sandoz per avermi insegnato così tanto sui miei figli e su me stessa. Grazie per essere stato un mentore davvero fantastico.

Il libro non avrebbe potuto essere realizzato senza Confucio. Le sue illuminazioni senza tempo mi hanno trasformato da genitore ansioso e confuso in uno che sente veramente la gioia e la realizzazione di crescere un figlio. *Xie Xie*.

Grazie anche a Richard Rui, mio ex marito, per l'incoraggiamento e il sostegno sin dall'inizio del libro. Ho apprezzato moltissimo il tuo aiuto nei miei studi sulla filosofia cinese.

Ma, soprattutto, devo ringraziare Dio per avermi benedetta con due splendidi bambini. Mio figlio e mia figlia mi hanno aiutato a guardarmi dentro e a imparare a diventare una persona e un genitore migliori. Eric e Kristy, grazie per avermi mostrato come si ama e come essere amati.

Infine, ma non meno importante, il mio amore e la mia gratitudine a Penny, amica canina, che mi è stata sempre accanto mentre ero impegnata con il libro.

PREFAZIONE

Nata e cresciuta a Hong Kong, sono sempre stata a contatto con il meglio e il peggio della cultura orientale e di quella occidentale. Ma la mia identità culturale è stata messa alla prova anche all'università e crescendo i miei bambini negli Stati Uniti.

A volte avverto i conflitti o le incongruenze tra le filosofie e i valori orientali e occidentali. Tendo ad agire come Aristotele nella ricerca della libertà personale, e a pensare come Confucio nel desiderio di armonia onnicomprensiva nel mio ambiente. Ma, in un certo senso, questi interessi contraddittori mi sono stati d'aiuto per apprezzare il meglio di entrambi i mondi e, in particolar modo, per trovare un equilibrio nel modo di reagire a ciò che mi accade intorno. Fondamentale nella mia vita è stato il ruolo di genitore: un'arena nella quale sono arrivata a stimare quanto la saggezza orientale e l'educazione dei figli occidentale possano lavorare in stretta collaborazione.

IL PUNTO DI PARTENZA

A casa mia i libri sulla filosofia orientale e quelli sull'educazione occidentale dei figli erano su scaffali differenti. Io ho studiato tutti e due gli argomenti con molta attenzione. Separatamente. Ma ricordo ancora quel giorno in cui fu la saggezza di Confucio a venirmi in soccorso, mentre cercavo disperatamente un aiuto in uno dei testi sull'educazione dei bambini.

È stato diciassette anni fa... ero di fronte a mio figlio, allora aveva due anni e mezzo, che era in preda a un accesso di rabbia. Non ricordo cosa non volesse fare, ma ero molto arrabbiata perché pretendeva che *io* uscissi dalla *sua* camera. Provai a ricordare in tutta fretta cosa consigliassero per situazioni del genere i miei libri sull'educazione, ma prima di capire se si trattava di "attacco di nervi" o di "atteggiamento di sfida" la mia rabbia aveva praticamente distrutto tutto ciò che avevo imparato da quei testi.

Mi vedo ancora strillare fortissimo, quasi più forte di quel mostriciattolo di due anni e mezzo davanti a me. Avevo il cuore che batteva più forte che durante la lezione di aerobica e per un secondo ho avuto l'impulso di picchiare il mio piccolo. Poi, d'un tratto, proprio in fondo alla mente, ho sentito una voce cordiale che diceva: «Se una persona si lascia prendere dalla rabbia, non sarà in grado di comportarsi in modo adeguato, perché la mente non risiede più in lei. Guarderà, ma senza vedere; sentirà, ma senza ascoltare...» (Confucio, *La dottrina del mezzo*, commento VII).

Improvvisamente smisi di gridare. Presi mio figlio in braccio e cercai di *vederlo* come un bambino di due anni e mezzo. Provai ad *ascoltare* ciò che voleva dirmi davvero. Quella fu la prima volta che ebbi il coraggio di vedere ciò che non *vedevo* in me stessa. Fu il giorno in cui cominciai a prendere consapevolezza di me stessa con la saggezza di Confucio, che andò a integrare il buon senso del dottor Spock, del seminario di formazione per genitori, del corso di formazione sistematica per l'educazione e di altri gruppi condotti da esperti occidentali del settore. Cominciai a riconoscere che è essenziale coltivare la virtù se vogliamo essere genitori saggi che si preoccupano, educano e guidano veramente i propri figli. Occorre molto studio e riflessione per scoprire che il potere della virtù è duplice: *da una parte, ci è d'aiuto per cambiare noi stessi affinché possiamo diventare persone migliori; dall'altra, contribuisce a influenzare in modo positivo il comportamento delle persone che abbiamo intorno*. Magari mi fossi resa conto prima dell'importanza di prestare attenzione a entrambi gli aspetti della virtù, perché allora non avrei lottato con la pedagogia per così tanti anni.

La capacità di educare bene è determinante: mentre per alcuni è una dote naturale, per altri è necessario impararla. In questo libro spero di condividere con te la saggezza di Confucio in riferimento all'educazione. Presenterò quindi le tre virtù universali di Confucio come strumenti per sviluppare sia il rapporto con tuo figlio sia la relazione con *te stesso*. Nelle tre virtù universali ci sono spunti spirituali senza tempo; spunti che completeranno i suggerimenti e i metodi occidentali sull'educazione (anche questi, infatti, sono utili). Sia le virtù sia le capacità di educare sono essenziali per aiutarci a comprendere come rispondere al meglio a tutte le situazioni complesse che sorgono oggi durante la crescita dei figli.

Gran parte degli insegnamenti di Confucio riportati in questo libro sono tratti dagli *Analecta*, un testo scritto dagli studenti del Maestro. Gli *Analecta*, insieme con il *Mencio*, *Il grande sapere e La dottrina del mezzo*, sono denominati i "Quattro libri" dei classici confuciani.

INTRODUZIONE

La via del genitore virtuoso

Duemilacinquecento anni fa un saggio cinese di nome Confucio insegnava che tutte le leggi, le promesse politiche, i programmi sociali e le religioni non sarebbero valsi nulla senza la presenza di una cosa: la Virtù. Confucio reputava che la virtù (*Te*) fosse la forza più importante dell'universo, una forza in grado di cambiare tutta l'umanità, una persona per volta.

Confucio visse in un'epoca (551-479 a.C.) di transizione storica e di crisi culturale nell'antico Stato di Lu. Nacque in un'era di violenza crescente poiché proprio in quel periodo sette degli Stati più potenti del mondo protocinese erano in conflitto per la supremazia. In qualche modo c'è una certa somiglianza tra il suo tempo e il nostro. Egli fu testimone di una società che stava sprofondando nella violenza e nel caos, una umanità troppo coinvolta nelle lotte di potere e di profitto personale. *Capì che vigeva un'etica in cui la gente non era riuscita a vedere e percepire l'importanza delle virtù nei rapporti umani, una forza che poteva cambiare il modo in cui agiamo nei confronti degli altri e quello in cui gli altri agiscono nei nostri confronti.*

Confucio riteneva che ogni cambiamento che desideriamo apportare nella nostra vita debba cominciare *dentro* di noi. Il saggio definiva questo sforzo «coltivazione della mente», ovvero la capacità di guardarci dentro, osservare e divenire consapevoli dei nostri stessi sentimenti, pensieri e comportamenti.

L'autentica coltivazione della mente, insegnava Confucio, poteva essere conseguita solo abbracciando la virtù. Una volta che la virtù fosse stata incorporata nell'anima e fosse ormai un modo di essere, un individuo poteva trasformare la propria famiglia, la comunità, la nazione e persino il mondo.

Si trattava di un concetto difficile da afferrare, allora come adesso. Quando gli studenti di Confucio non capivano in che modo un individuo potesse avere un impatto così imponente sul mondo, Confucio rispondeva loro che questo era uno dei grandi segreti degli antichi.

Allora prese il suo bastone e tracciò dei circoli sulla
sabbia mentre insegnava questa lezione:

Quando gli antichi desiderarono diffondere la virtù
per tutto il regno, per prima cosa
misero ordine nel loro Stato.
Desiderando mettere ordine nel loro Stato, per prima
cosa disciplinarono la loro famiglia.
Desiderando disciplinare la famiglia, per prima cosa
coltivarono il proprio io.
Desiderando coltivare il proprio io, per prima cosa
mutarono il loro cuore.
Desiderando mutare il proprio cuore, per prima cosa
tentarono di essere sinceri nel pensiero.
Desiderando essere sinceri nel pensiero, per prima cosa
cercarono il vero sapere all'interno dell'anima.

Mentre fissavano i circoli, la luce della comprensione
cominciava a splendere dagli occhi degli studenti.
Ma prima che facessero un'altra domanda,
il Maestro continuò:

Avendo trovato il vero sapere nell'anima,
divennero sinceri nel pensiero.
Essendo sinceri nel pensiero, il loro cuore fu mutato.
Mutato il loro cuore, il loro io fu trasformato.

Trasformato il loro io, le loro famiglie
furono ben disciplinate.
Disciplinate per bene le loro famiglie,
il loro Stato fu ben governato.
Governato per bene il loro Stato, il regno fu in pace.

La via della Virtù

Se pensiamo e meditiamo sulle parole di Confucio, possiamo cominciare a comprendere in che modo il vivere virtuoso possa riflettersi in tutti gli aspetti della vita, come un ciottolo gettato in uno stagno. Se coltiviamo la virtù dentro di noi, influiremo non solo sulla nostra vita, ma anche su quella di chi abbiamo intorno, soprattutto dei nostri figli. È a partire da questo concetto che esploreremo le tre virtù universali della dottrina di Confucio.

Virtù ed educazione dei figli

In che modo possiamo usare le virtù per coltivare noi stessi dall'interno? La virtù non corrisponde ai princìpi morali o a un codice etico, per cui si viene giudicati secondo un certo canone fisso. La virtù è il carattere morale che coltiviamo *dentro* di noi e che determina la bontà delle nostre azioni. Fondamentalmente, la virtù significa fare l'azione giusta per il giusto risultato. *Coltivare le virtù ci aiuterà a raggiungere l'illuminazione adatta a fare le scelte giuste e a mettere in atto le azioni giuste*. Confucio riteneva che le virtù si mostrano nell'eccellenza delle azioni in relazione agli altri. Il modo in cui agiamo nei confronti degli altri influisce su di loro in modo positivo o negativo. Quando agiamo secondo virtù, incideremo sempre positivamente sulle nostre relazioni, oltre che sulla nostra vita.

Il potere della virtù è nella sua *influenza*. La virtù è in grado di cambiare gradualmente il nostro comportamento e quindi, per mezzo della nostra influenza positiva, anche il comportamento delle persone che abbiamo vicino, e senza ricorrere a coercizione o violenza. È semplice vedere in che modo tutto ciò riguardi direttamente l'educazione dei figli e come ci possa essere d'aiuto per molti dei nostri dilemmi. Crescere un figlio nel mondo di oggi non è facile. Sono sempre di più i libri di pedagogia che si trovano in commercio, eppure i problemi con i figli sembrano più grandi. Ogni giorno riceviamo molteplici messaggi su cosa dovremmo considerare importante, oppure vero, ed è facile perdere di vista quel fondamento essenziale per tutte le nostre decisioni di genitori. La virtù può contribuire a ricordarci la bontà per la quale ci dobbiamo sempre adoperare sia in noi stessi sia nell'educazione che impartiamo.

Mettere in pratica la virtù nell'educazione porta due diversi benefici. Primo, determina dei cambiamenti dentro di te, non solo affinché tu sia un genitore migliore, ma anche una persona migliore. Verificalo con il coniuge, gli amici, i vicini di casa e persino con il cane: tenderanno tutti ad avvicinarsi quando diventerai una persona dal cuore più grande. Secondo, spinge a coltivare spontaneamente la virtù nei figli. E questo perché tutti gli esperti di educazione sono concordi che il modello di condotta più importante per tuo figlio sei proprio *tu*.

La virtù è la radice

Le persone eccellenti concentrano i propri sforzi sulla radice, perché una volta che la radice ha trovato un appiglio, la via crescerà da lì.

(*Analecta* 1.2)

Secondo Confucio ogni cosa ha la propria radice e i propri rami. Il saggio attribuisce grande importanza alle radici, perché sono le prime a spuntare. I rami, che crescono solo quando le radici hanno attecchito, hanno molto meno rilievo nella sua dottrina. L'ordine di questa sequenza non può essere alterato. A volte può succedere che non si riesca a distinguere la radice dai rami, come non sempre si distingue ciò a cui va data maggiormente importanza da ciò che deve ricevere minore attenzione da parte nostra.

La radice dell'educazione dei figli è la correzione del cuore. Questo ci aiuterà a resistere alle difficoltà e alle crisi poste dall'educazione. Un cuore corretto per mezzo della virtù ti preparerà a tutte le sfide e alle gioie di essere genitore. Elaborando il nostro percorso attraverso il libro, ci fermeremo spesso a riflettere sulla radice e i rami delle ordinarie questioni concernenti l'educazione: perché solo quando troveremo la radice, saremo in grado di scoprire la soluzione adeguata per ogni problema.

Secondo un detto cinese, «quando prendi l'abitudine di fare qualcosa, quella diventa parte naturale di te». Coltivare la virtù non è un processo rapido. Non c'è nessun bottone da premere per scaricare i dati all'istante. Le virtù possono solo essere apprese, sperimentate e messe in pratica; e la chiave è la pratica, la pratica e ancora la pratica. Alla fine vedrai che il bambino comincerà a sentirsi a proprio agio con te, ma sentirai anche la serenità e la pace nel tuo cuore.

PRIMA PARTE

Le tre virtù universali

Una persona di benevolenza non è mai ansiosa; una persona di saggezza non è mai confusa; una persona di coraggio non è mai timorosa.

(*Analecta* 9.29)

Confucio definiva benevolenza, saggezza e coraggio «le tre virtù universali». Queste sono universalmente vincolanti e ognuna è strettamente legata all'altra. *La saggezza aspira al sapere della benevolenza e il coraggio a metterla in pratica*. Imparando e attuando queste tre virtù, l'educazione dei figli diventerà più semplice perché, fondamentalmente, non sarai più ansioso, confuso o timoroso.

Ciò significa che i genitori ansiosi, confusi o timorosi nell'educazione dei figli sono immediatamente benevoli, saggi e coraggiosi? La risposta è no. Un genitore che non ha a cuore il benessere del figlio non sarà mai ansioso; un genitore che non si cura di apprendere i diversi metodi di educare il figlio non sarà mai confuso; un genitore che non si preoccupa delle conseguenze delle sue azioni non sarà mai timoroso. Tuttavia ciò non significa che questi genitori siano virtuosi. Solo coltivando le virtù della benevolenza, della saggezza e del coraggio sarai in grado di vedere in che modo decisioni giuste portano a risultati giusti, e pertanto sarai libero dall'ansia, dalla confusione e dalla paura.

Imparando ad applicare le tre virtù universali nella tua esperienza di genitore, farai un grosso passo in avanti verso l'educazione efficace. Integrandole nelle tue scelte di genitore (o in qualunque altra scelta di vita), potrai essere certo di prendere la decisione giusta. Può anche non sembrare così semplice come reagire a una certa situazione secondo l'istinto, ma, vedrai, la differenza sta nei risultati. *La chiave è prendere la decisione giusta per i giusti risultati*. E questo è ciò che attiene all'educazione virtuosa.

Se non hai dimestichezza con le tre virtù della benevolenza, della saggezza e del coraggio, ci vorrà un po' di tempo per abituarti ad applicarle alle tue scelte quotidiane di genitore. Ciò nonostante, una volta arrivato a conoscerle e ad apprezzarle, prima di prendere qualsiasi decisione educativa, comincerai a farti tre semplici domande: *È benevolo? È saggio? Ho il coraggio di perseguire il risultato giusto?*

Nei tre capitoli seguenti, apprenderai maggiori dettagli in merito alle tre virtù universali e al modo in cui possono esserti d'aiuto con le difficili sfide poste dall'educazione dei figli. Quando sarai in grado di applicarle ogni volta che sei a un bivio, l'educazione diventerà più semplice ed efficace, e sarai davvero libero dall'ansia, dalla confusione e dalla paura.

Capitolo uno

Benevolenza per arrivare al cuore di tuo figlio

Secondo Confucio, la benevolenza è la virtù più importante. Il carattere cinese del termine è composto da due elementi, *ren* (persona) ed *er* (due). In altre parole, la benevolenza è orientata alla relazione e mette in collegamento un essere umano con un altro.

Nella sua forma più semplice la benevolenza può essere espressa come "ama il tuo prossimo". Confucio riteneva che tutti gli esseri umani avessero innata la benevolenza, ma che questa virtù avvizzisce se non viene coltivata. Non si tratta di un dono preconfezionato, ma di un risultato che va conquistato. Essere benevoli non si riferisce a ciò che siamo come persone, ma a quello che *facciamo e diventeremo*. Chi scopre il potere della benevolenza pian piano arriva a pensare e agire in modo differente, più virtuoso, e alla fine diventerà una persona esemplare che godrà della vita anche quando il mondo intorno (con o senza bambini che urlano) è tutto in subbuglio. Una persona benevola non sarà trasformata dall'ambiente ma, al contrario, sarà lei a cambiare l'ambiente in meglio.

Molti pensano che coltivare la benevolenza significhi migliorare la vita degli altri o fare del mondo un posto migliore. È senz'altro vero, ma ciò trascura il fatto che mettendo in pratica la benevolenza noi stessi siamo sia beneficiari che benefattori. La benevolenza ci offre un modo più amorevole di guardare la vita, un modo migliore di trattare le persone e uno strumento meraviglioso per essere amati dagli altri.

La benevolenza è la forza che si cela dietro a una vita calma e tranquilla, e questo anche se sei un genitore superimpegnato. Confucio diceva: *Coloro che sono benevoli, non avranno nulla di cui preoccuparsi o da temere*. E quando gli si domandava se ciò significasse che colui che non ha alcuna preoccupazione o timore può indubbiamente affermare di essere benevolo, Confucio rispondeva: *Se valuti te stesso e non hai nulla di cui rammaricarti, perché mai essere preoccupato o aver paura?* (*Analecta* 9.29).

Benevolenza ed educazione dei figli

Confucio riteneva che la benevolenza avesse differenti significati per persone diverse. Per uno studente impulsivo e violento, la benevolenza significava pazienza e cortesia. Per uno timido e schivo, la benevolenza implicava l'abilità di essere forte quando si trattava di combattere per ciò che era giusto. Nell'educazione dei figli la benevolenza indicherà altresì cose differenti in momenti differenti e si esprimerà in vari modi secondo la tua natura. Se sei permissivo, ad esempio, potresti applicare la benevolenza come fermezza e forza, mentre, se sei autoritario, la vedrai come pazienza e comprensione.

I cinque pregi del genitore benevolo

Anche se la definizione comune di benevolenza può essere leggermente distinta, i cinque pregi degli individui benevoli sono veri per tutti. Alla domanda su quali fossero i pregi della benevolenza, Confucio ne elencava cinque:

Sono rispetto, perdono, lealtà, diligenza e generosità
Se sei rispettoso, non soffrirai l'umiliazione

Se sei indulgente, conquisterai il sostegno di molti
Se sei leale, gli altri si fideranno e conteranno su di te
Se sei diligente, avrai successo
Se sei generoso, sarai in grado di avvalerti degli altri in modo opportuno

(*Analecta* 17.6)

Tutti possiamo applicare tali princìpi al nostro stile educativo per constatare che:

- Se rispettiamo i nostri figli, il che non equivale a viziarli, non susciteremo il loro disprezzo
- Se perdoniamo e comprendiamo, insegnando ai nostri figli la lezione connessa ai loro errori, conquisteremo il loro cuore
- Se ci dimostriamo leali, i figli si fideranno e sapranno contare sulla nostra guida
- Se siamo diligenti e mettiamo in pratica la buona educazione dei figli, saremo dei buoni genitori
- Se siamo generosi con il nostro tempo, l'attenzione e l'amore, otterremo la sincera dedizione dei figli

Per molte persone i cinque pregi della benevolenza suonano tutti alquanto familiari. Quasi tutti, infatti, rispettano il proprio capo, sono indulgenti con il coniuge, sono leali con gli amici, diligenti nel lavoro e generosi con gli indigenti. *Ma i cinque pregi della benevolenza possono essere trascurati nel rapporto con i propri figli*. Spesso la gente non si rende conto del potere di questi cinque pregi nell'arena dell'educazione. Molti non comprendono che il comportamento dei figli, sia buono che cattivo, è direttamente connesso con le loro azioni. In altre parole, ogni giorno i figli reagiscono di fatto alle azioni dei genitori.

Esaminare se stessi prima di accusare gli altri

Le persone benevoli sono esigenti con se stesse;
le persone meschine sono esigenti con gli altri.

(*Analecta* 15.21)

È quasi impossibile, anche per i genitori migliori, attraversare la maternità e la paternità senza incontrare qualche problema nell'educazione da impartire ai figli. Quando sorge una difficoltà, è importante riconsiderare ed esaminare il proprio comportamento prima di dare la colpa agli altri. È normale sentire persone che attribuiscono la responsabilità dei problemi con i figli ai mass media o ai valori della cultura popolare, ai coetanei, alla scuola e spesso ai figli stessi. La benevolenza, però, pretende l'esame della propria coscienza.

La ricompensa per l'introspezione è triplice. Innanzitutto, saremo in grado di vedere i nostri errori che potremmo aver trascurato. Secondo, potremo imparare da quegli errori ed evitare di farli di nuovo. Terzo, essendo in grado di ammettere i nostri errori, potremo essere più pazienti, perché solo chi riconosce i propri sbagli comprenderà veramente quanto sia difficile correggerli e cambiare.

Per esempio, se il tuo bambino ti ha mentito, non lo accusare immediatamente di essere un disonesto. Al contrario, rifletti su ciò che avresti potuto fare per evitare quel comportamento scorretto. I genitori benevoli metteranno in discussione sia se stessi sia i figli per cercare delle risposte. Abbiamo dato l'impressione di essere troppo testardi e intransigenti con il bambino? Siamo davvero troppo testardi e intransigenti? Se la risposta è sì, possiamo imparare dall'errore e cercare la radice del problema.

I figli, soprattutto i bambini, non mentono per divertimento. Lo fanno per paura di dire la verità. Alcuni genitori pensano che il timore contribuisca all'obbedienza dei figli; invece spesso insegna loro a raggiungere i propri scopi mentendo o facendo cose di nascosto. È un prezzo troppo alto da pagare. Cerca di essere fermo con quello che non è tollerabile, ma prova a essere ragionevole e a insegnare ai bambini a ottenere ciò che desiderano comunicando in sincerità, non mentendo.

Ammettere gli errori è difficile per il nostro ego, ma è solo riconoscendo con indulgenza le nostre pecche che arriviamo a comprendere perché i figli non possono essere irreprensibili. Per esempio, solo ammettendo con noi stessi che sul lavoro stiamo rimandando il da farsi, possiamo capire davvero come mai sia così difficile per i nostri figli smettere di temporeggiare quando si tratta di fare i compiti.

Gli errori possono essere un male solo apparente

Quando le persone benevoli fanno degli errori, non esitano a porvi rimedio.

(*Analecta* 1.8)

Per prima cosa la benevolenza richiede un esame di coscienza, come abbiamo visto. Tuttavia, una volta riconsiderato ed esaminato il nostro comportamento, dobbiamo essere pronti a riconoscere gli errori e, nel caso, a rimediare. Facciamo un esempio comune. Immaginiamo che tuo figlio, di tre anni, si sia appena scottato la mano sui fornelli. Probabilmente gli avrai detto cento volte che la cucina è una zona dove non deve affatto entrare, ma in fondo si tratta solo di un bambino curioso e incauto. Una persona benevola ammetterà questa imprudenza e invece di limitarsi a gridare per la disobbedienza, comincerà a pensare a come mettere una protezione di sicurezza per evitare che il bambino entri mentre c'è qualcuno a cucinare. Cercare dei modi per risolvere noi stessi il problema e ammettere ogni sbaglio che possiamo aver commesso è il primo passo per capire ciò che occorre fare per evitare di ripetere lo stesso errore. Pensala in questo modo: se non ammetti la tua stessa negligenza quando il bambino si scotta e non provvedi a montare una protezione di sicurezza, la prossima volta potrebbe finire per rovesciarsi una pentola di acqua bollente in faccia.

Agire sempre con intenzioni sincere

La benevolenza significa essere il primo ad assumersi volontariamente un compito difficile e l'ultimo a pensare a una ricompensa o a un riconoscimento.

(*Analecta* 6.22)

Crescere un figlio non è affatto una mansione semplice e sembra diventare sempre più duro nel mondo di oggi. La benevolenza ci aiuta ad accettare la sfida di buon grado per il bene dei nostri figli e non come ricompensa o riconoscimento per noi stessi. Se le intenzioni sono sincere, avrai maggiore pazienza e cortesia. Quando ti concentri sul benessere del bambino, e non sul premio o sul riconoscimento per te stesso, trovi più semplice distinguere le reazioni giuste da quelle sbagliate.

Nell'educazione dei figli, infatti, avere in mente l'obiettivo giusto è la linea di condotta migliore per aiutarti a prendere le giuste decisioni educative. Quando la meta è chiara e determinata dalle buone intenzioni per il bene del bambino, la nostra energia sarà concentrata nel perseguire esattamente quella meta. D'altra parte, quando lo scopo è una ricompensa o un riconoscimento per il solo vantaggio personale, le nostre azioni si svolgeranno di conseguenza. Per esempio, se il tuo obiettivo è sperimentare il potere e provare l'emozione di poter controllare gli altri, al bambino non darai alcun aiuto né possibilità di imparare a prendere le proprie decisioni. Ma non ti sorprendere se poi tuo figlio finisce per essere risentito, perfido e incapace di essere indipendente. Oppure, se vuoi che tua figlia e le sue amiche ti dicano che sei «il papà più simpatico del quartiere», allora soddisfa pure ogni suo capriccio, ma poi non ti meravigliare se da un eccesso di libertà e dalla mancanza di sani confini crescerà una persona in grado di manipolare gli altri, egoista, viziata o che arreca danno a se stessa perché non ha sviluppato limiti morali.

La benevolenza esige che ci si impegni a fondo per il giusto risultato. È molto più facile comperare a tuo figlio di tre anni le caramelle che ti chiede al supermercato, che imparare a gestire le sue grida e le richieste irragionevoli con tutta la gente intorno. Non è facile lasciare che la tua bambina vada al suo primo campeggio estivo a centinaia di chilometri da casa, se è molto più "sicuro" farle frequentare i corsi estivi nel quartiere. *Sembra* sempre più arduo mettere il benessere degli altri prima del nostro. Ma se siamo genitori benevoli, riceveremo ricompense di tipo differente dai nostri figli, ricompense che si possono rivelare molto più appaganti di quanto avremmo potuto immaginare.

Mettere in pratica l'autocontrollo

Benevolenza significa trattenersi da ciò che si vuole dire e fare, così che si possa salvare la buona educazione.

(*Analecta* 12.1)

La benevolenza aiuta i genitori a impegnarsi nell'autocontrollo e a mantenere i canoni della condotta o delle parole socialmente accettabili. Questo è molto più facile quando abbiamo a che fare con gli amici. Quando invece si tratta dei nostri figli, tendiamo a prenderci molte più libertà riguardo alla buona educazione. Immagina di gridare ai tuoi amici che hanno fatto qualcosa di sbagliato. Se lo facessi, potresti anche non sentirli più per un bel po' di tempo. Immagina di sgridare tuo figlio urlando per qualcosa che consideri inaccettabile. Il bambino potrebbe aver paura e obbedire, ma come farai a sapere che cos'è che pensa realmente? Comprende davvero la lezione o si sta solamente limitando a obbedire?

Se mettiamo in pratica l'autocontrollo e ci concediamo un momento di pausa per esaminare attentamente la situazione, rifletteremo con cura su ciò che intendiamo dire o fare. Quando siamo sconcertati o arrabbiati, spesso diciamo e facciamo cose delle quali, a posteriori, ci pentiamo. Non sottovalutare l'effetto delle parole che sfuggono per caso: possono ferire tuo figlio come un pugno. In effetti, lividi e ferite guariscono con il tempo, ma il dolore provocato dalle parole sfuggite per sbaglio dalla bocca di un genitore può durare per una vita. La virtù della benevolenza ci insegna a controllare l'impulsività, a non dire o fare cose inappropriate. Gli esperti di educazione suggeriscono una pausa in questi casi, un tempo per calmarsi, sia per i genitori sia per i figli, quando si riscaldano gli animi. Sarai sorpreso di constatare quanto sia più semplice controllarsi, se ti prendi una pausa di cinque minuti quando hai voglia di ferire tuo figlio con le parole o con le azioni. In tal modo, in verità, non solo lui ti rispetterà di più, ma sarai anche in grado di vederlo tu, come una persona giovane e immatura che merita di essere guidata con altrettanto rispetto.

Una condotta benevola per un'educazione efficace

Essere fermi, determinati, onesti e prudenti

Essere fermi, determinati, onesti e prudenti nel linguaggio è un atteggiamento prossimo alla condotta benevola.

(*Analecta* 13.27)

L'educazione efficace porta dei risultati. Un comportamento benevolo ci aiuta a realizzare ciò che vogliamo ottenere. Se intendiamo essere dei genitori efficaci, attuare una condotta benevola è un buon modo di cominciare.

Fermo con la disciplina. Quando si tratta di applicare la disciplina, occorre essere risoluti con ciò che si ritiene importante, al fine di crescere un bambino felice, sano ed equilibrato. Non cedere agli occhi pietosi del tuo amato angioletto quando bisogna punirlo, perché così potrà imparare ciò che è giusto sulla base di ciò che è sbagliato; analogamente, non lasciarti intimidire dallo sguardo adirato dell'adolescente quando stabilisci dei sani confini alla sua libertà. Essere risoluti non significa necessariamente gridare e strillare.

I genitori possono essere fermi con garbo e un tono di voce basso. Il fine è far capire a tuo figlio quanto sei risoluto, perché è tua responsabilità educarlo bene. Tuttavia, è importante assicurarsi di essere fermi e ragionevoli.

Determinato a essere il miglior genitore possibile. Se c'è la volontà, si trova la via. Se sei determinato a essere il genitore migliore per tuo figlio, non c'è davvero niente che possa impedirti di conseguire l'obiettivo. Se non hai esperienza, impara dagli altri e da tutte le fonti a tua disposizione. Se non hai una personalità perfetta, coltiva ciò che intendi essere. Una volta che ti prefiggi di essere il "miglior" genitore possibile per tuo figlio, tutte le strade ti condurranno lì.

Onesto con te stesso. Nell'educazione è importante essere onesti sia con se stessi sia con i figli. Con un figlio occorre essere onesti per potersi guadagnare la sua fiducia. L'onestà esige che si vada al fondo del proprio subconscio per verificare che non si stia mentendo a se stessi. Bisogna essere onesti con se stessi per poter comprendere perfettamente ciò che sta accadendo fuori e dentro di sé. Quello che ritieni stia succedendo potrebbe non corrispondere effettivamente alla realtà.

Attenzione a ciò che dici a tuo figlio. Confucio insegnava l'importanza del discorso nelle relazioni umane: *una perso-*

na benevola parla con lentezza e prudenza (*Analecta* 12.3). Quindi, pensa bene prima di parlare, soprattutto quando sei arrabbiato o demoralizzato. E se a volte non sai cosa dire, stai zitto. Forse il silenzio non aiuta a risolvere tutti i problemi, ma almeno non sarà fonte di altri guai o danni immediati.

Accettare le differenze reciproche

Una persona benevola cerca l'armonia, non la somiglianza.
(*Analecta* 13.23)

Forse non ti piaceranno i colpi di sole rosa o i capelli viola di tua figlia, o non sopporterai i pantaloni *oversized* a vita bassa di tuo figlio, oppure farai fatica a comprendere perché mai i jeans di tua figlia debbano sempre sembrare di una taglia più piccola, ma ciò non significa che quello che non ti piace debba essere davvero sbagliato. Molto probabilmente anche tuo figlio potrebbe pensare che non tutto quello che fai è giusto.

Per cercare l'armonia nella relazione genitore-figlio, è necessario che sia tu che tuo figlio accettiate le reciproche differenze. Accettazione non significa approvazione. Ci sono cose che occorre accettare anche se non le approvi, ma cerca sempre di stabilire dei confini ragionevoli affinché tuo figlio possa avere la guida e le basi di cui ha bisogno per una vita etica, morale. Forse non sarai d'accordo con la sua scelta della facoltà universitaria, ma dovrai accettare la sua decisione. E sarà anche un'ottima lezione per lui: magari non approverà il tuo stile di vita prodigo o avaro, ma dovrà imparare ad accettarti per quello che sei. La benevolenza ricerca l'armonia, non la somiglianza. Dal capo di uno Stato a un capofamiglia, questo è un principio importante cui attenersi affinché i bambini e i giovani possano apprendere a costruire un mondo più sereno.

Amare... ed esprimere il proprio amore in tutti i modi possibili

Essere benevoli significa amare l'altra persona.

(*Analecta* 12.22)

La benevolenza, nella sua forma più semplice, significa amare un'altra persona. Ma non è così facile come suona. La maggior parte dei genitori non avrà alcun dubbio, neanche per un momento, sull'amore che nutre per i figli. Essi si prendono cura dei loro bambini, danno loro il meglio che la vita può offrire, dedicano tempo ed energia a crescerli bene. Tutti i genitori fanno qualche sacrificio per i figli. Ma che succede se il figlio si rifiuta di obbedire o si ribella? Sei ancora in grado di dire «ti voglio bene» a un bambino che strilla «ti odio»?

La benevolenza esige l'amore per gli altri, anche quando siamo delusi o adirati. Nella prossima sezione vedremo in che modo la benevolenza possa aiutarci a controllare la rabbia, ma per adesso concentriamoci su come continuare a voler bene a un figlio che ci ha spezzato il cuore. La chiave sta nel *vedere* il bambino in modo benevolo. È facile amare un bimbo dolce, tenero e affettuoso. Ma che succede quando il bambino fa tutto ciò che tu detesti? Se sarà sgarbato, sprezzante e completamente diverso dal bimbo che ami così tanto? E comunque, odi solo ciò che ha fatto o stai cominciando a odiare proprio lui? È un pensiero spaventoso, ma bisogna occuparsene prima di poter capire davvero che cosa sia la benevolenza.

Molti esperti di educazione consigliano ai genitori di distinguere le azioni di un figlio dal figlio stesso. A mio giudizio, si tratta della parte più difficile del ruolo del genitore, e mi ci è voluto molto tempo per scoprire che l'unico modo per essere generosi, anche quando siamo furibondi con i nostri figli, è di indossare gli "occhiali della benevolenza". Attraverso questo paio di occhiali, vedrai tuo figlio per ciò che è *realmente*: un bambino di due anni e mezzo ti detesta perché odia il modo in cui gli dai ordini, ma ama ancora tutto il resto di te; una ragazza di dodici anni che agisce come se ne avesse venti perché ha paura, è confusa e crede che non le lascerai trovare la sua vera identità. Solo guardando attraverso la benevolenza possiamo agire con benevolenza, e solo agendo con benevolenza possiamo davvero crescere un figlio che sia felice e abbia successo nella vita.

Nel comprendere il nostro amore per l'altro, dobbiamo, di nuovo, guardare alle nostre intenzioni. Confucio sottolineava la "sincerità dell'intenzione". Amiamo nostro figlio solo se si impegna con lo studio? Amiamo nostra figlia solo se è obbediente? Oppure amiamo i nostri figli incondizionatamente? Questo ci riporta alla precedente analisi circa lo scopo della ricompensa egoistica, rispetto all'attenzione per il benessere a lungo termine di un figlio.

Se c'è una cosa della quale non possiamo affatto fare a meno per riuscire nell'educazione, è l'*amore incondizionato*. Un figlio avrà bisogno di sapere che lo ami anche se ha fatto qualcosa di male. È pericoloso anche solo accennare che potresti non amarlo più. *Un figlio ha bisogno di sapere che lo ami, a prescindere da ciò che accade*. Il tuo amore per un figlio non deve mai affievolirsi, anche se dovesse commettere il delitto peggiore al mondo. Certamente non approveresti il suo comportamento illecito, ma questo non significa amarlo di meno. Gli amici, la persona amata o il coniuge potranno forse smettere di amarlo, ma la madre e il padre mai.

Un figlio convinto che i genitori non lo amino, non potrà mai imparare ad amare se stesso, e l'amore per se stessi è la base di una persona felice ed equilibrata. Se i figli sanno che i genitori li amano in modo incondizionato, restituiranno l'amore, in un modo o nell'altro. Questo ci porta a un altro punto importante. I tuoi figli sentono che li ami?

Mostrare ed esprimere l'amore in tutti i modi possibili

Nessuno può respingere l'amore genuino di un altro essere umano a prescindere dal fatto che venga da un genitore, l'innamorato, un amico, un vicino o addirittura qualcuno che un tempo si considerava un nemico. Allo stesso modo, se arriva un momento in cui metti in dubbio l'amore per tuo figlio, perché ti ha ferito, ricorda che si tratta ancora dello stesso bambino affettuoso che una volta ti sussurrava all'orecchio «ti voglio bene, mamma» o «ti voglio bene, papà». Dàgli un'altra possibilità di dirlo.

Benevolenza per controllare la rabbia

Anche se la benevolenza ci ispira ad agire con amore e rispetto, potremmo comunque avere l'impressione che ci sia un fattore che impedisce di "fare quello che è giusto". Si tratta del fattore *rabbia*. Per chi, come me, è diventato genitore con la definizione di "miccia corta" stampata in fronte e di "genitore devoto" stampata sul cuore, l'educazione è destinata a essere una corsa in salita. La rabbia e la devozione del genitore non si possono affatto combinare; una delle due deve scomparire se intendi risparmiarti dolore e angoscia nell'educazione dei figli. Io ho deciso di tenermi la devozione e di provare a sconfiggere l'ira.

Due forze opposte

La benevolenza ci spinge ad amare e a essere gentili con gli altri. La rabbia ci fa fare esattamente l'opposto. Fa nascere il desiderio di ferire l'altro perché ci ha causato del dolore.

Gestire la rabbia con la benevolenza significa imparare a eliminare il desiderio di far male all'altro. E questo è possibile coltivando la benevolenza nel cuore. Allora la calma ci verrà dall'interno e non sviando semplicemente l'attenzione verso cose che sono fuori di noi, come la musica o una bevanda fresca. Il fulcro del nostro interesse devono essere i *pensieri benevoli*, che ci saranno d'aiuto nel trovare un via per amare quella persona che ci ha fatto irritare. Nel confronto con i figli e la loro disobbedienza, la benevolenza ci indurrà a comprenderli e aiutarli, invece di fare tutto il possibile per ferirli con parole o gesti. Vediamo questo esempio.

Karen è la mamma di Charles, un bambino di undici anni. Ha sempre cercato di dare tutto per suo figlio e di diventare un genitore eccellente. Ha studiato libri su come crescere i figli, ha frequentato corsi di pedagogia, ha consultato esperti del settore e ha persino deviato dal percorso stabilito per imparare lo yoga, al fine di essere più calma e rilassata con la vita. Ha attuato a dovere tutto ciò che ha studiato ed è felice di constatare che sta ottenendo dei buoni progressi.

Quando Karen dice a Charles che ha programmato il computer per restringergli e monitorargli l'uso di Internet, Charles le sbatte la porta in faccia. Karen pretende che Charles esca e si scusi, ma lui grida «sparisci!» dall'altro lato della porta. Karen non se lo sarebbe mai aspettato, così si ritrova fuori dalla porta del figlio trattenendo il respiro, con tanta rabbia in corpo che le sembra di esplodere.

Per un secondo Karen pensa di poter gestire la cosa. Ha imparato dai libri di pedagogia come far fronte a una situazione del genere. Ricorda perfettamente ciò che ha studiato: fare un momento di pausa, uscire per una passeggiata, fare una doccia, ascoltare della musica rilassante, respirare lentamente e in profondità, rimanere calmi, non rispondere al comportamento scorretto del figlio con l'ira, pensare a una situazione analoga che si

è riusciti a controllare, lasciare fuoriuscire la rabbia lentamente parlando con il figlio...
A Karen sembra che tutte queste cose siano state d'aiuto in passato, ma ha le mani che tremano ancora per il nervosismo e il cuore che comincia a batterle sempre più forte.
Nella foga della collera, Karen inizia a pensare che forse urlare i suoi rimproveri possa alleggerire le cose, ma secondo tutti i libri letti non deve reagire a quel che ha detto il figlio. In base a quanto appreso, infatti, non si tratta di risentimento personale. A suo figlio non piace quello che lei ha fatto, non il genitore che è. Eppure, Karen non riesce a smettere di pensare e ripensare a quella terribile scena. Forse deve solamente "sparire", non darvi troppo peso e lasciare che Charles si rovini la vita con tutte le tentazioni disgustose di Internet. Karen avverte un'ondata di rabbia che le cresce dentro, finché si dice: «Basta. Quando è troppo, è troppo. Io sono come sono».
È molto più semplice dare sfogo alla propria rabbia e fare quel che ci fa sentire bene in quel momento.

A prescindere da quanto Karen ami suo figlio, per lei è una grande sfida mantenersi calma in queste circostanze. Ricordare a se stessa che lo ama non è sufficiente nel momento in cui Charles le sbatte la porta in faccia. Vedere un figlio che ti chiude la porta davanti e grida «sparisci!» non è *affatto* tollerabile, e in nessun caso un genitore deve consentire un atteggiamento del genere. Eppure, Karen deve essere paziente e tollerante, non solo verso il comportamento scorretto del figlio, ma anche con i propri pensieri e le proprie azioni.

Quell'irritazione indurrebbe Karen a ferire il figlio. Ma se ferire un bambino verbalmente o fisicamente fosse un metodo educativo efficace per correggere un comportamento scorretto, allora i figli maltrattati sarebbero i più educati al mondo. E questo, ovviamente, non è il nostro caso. Gridare e picchiare provoca solamente paura o ribellione in un bambino, e questi potrebbe comportarsi bene solo perché è impaurito. Dare ordini per mezzo della paura funziona solamente finché il bambino ha paura di te e della punizione, o finché hai indosso l'uniforme da comandante. Ma che succederà quando il bambino non teme più te o la punizione, oppure quel comandante non è lì vicino a sorvegliarlo? E, poi, il danno fatto a un bambino in cambio di tale obbedienza è enorme e irreversibile.

A Karen rimangono tre scelte: può reagire alla rabbia e ferire il figlio per sentirsi meglio; può girarsi dall'altra parte come se nulla fosse e concentrarsi sulla propria vita sociale indaffarata; oppure può mettere in pratica i "tre passi per gestire la rabbia con la benevolenza" (che vedremo tra poco) per calmarsi e ottenere il risultato migliore.

I tre passi per gestire la rabbia con la benevolenza

Primo passo

Calmarsi con pensieri benevoli

I pensieri benevoli sono per l'ira come l'acqua per il fuoco. Più è grande il fuoco, più acqua servirà per spegnerlo. Più siamo arrabbiati, più pensieri benevoli sono necessari per calmarci. Ciò nonostante, pur avendo acqua a disposizione, se non la versiamo nel punto giusto, non sarà possibile spegnere il fuoco. Ecco perché serve precisione, che può essere ottenuta solo con la mente sgombra, vale a dire c'è bisogno di una pausa. La pausa è necessaria per liberare la mente dal fumo che la offusca e vedere chiaramente ciò che sta succedendo per poter valutare quanto possa essere d'aiuto la benevolenza. Sono quattro i pensieri benevoli che possono aiutarci.

1. Comprendere l'altro

Non ti preoccupare se l'altro non comprende;
preoccupati se tu non comprendi l'altro.

(*Analecta* 1.16)

Occorre sforzarsi di capire perché una certa persona ci ha fatto adirare. Nel caso di Karen, dovrà comprendere come mai il bambino si sia comportato male e trovare un motivo per cui essere arrabbiata con quel comportamento, e non con il bambino. È solo chiedendosi «perché» dal punto di vista del bambino che capiremo come mai abbia agito in quel modo.

Nell'esempio in questione, Charles è stato sgarbato con la madre perché lei gli ha limitato e messo sotto controllo Internet. Ma era anche arrabbiato perché, a suo giudizio, la madre aveva deciso di portargli via, o almeno di ridurgli, la gioia della sua vita senza neanche dirglielo. Inoltre, a Charles è sembrato che Karen non avesse mostrato rispetto per la sua intimità, installando un programma di monitoraggio nel computer senza prima dirgli niente. Una volta che Karen comincerà a comprendere cosa pensa suo figlio, sentirà il cuore meno in tumulto.

Ora, lo possiamo fare in ogni situazione? Sì. Anche se non comprendiamo completamente il punto di vista dei nostri figli, dare uno sguardo d'ordine pratico alla situazione sarà d'aiuto per capire un po' di più i nostri ragazzi. Chiudi gli occhi e cerca di vederli come gli individui che stanno diventando, ma rendendoti conto che non vi sono ancora arrivati. In base all'età dei tuoi figli, poi, dovremmo prendere in considerazione che la loro immaturità è uno dei fattori principali che li ha spinti a fare quelle cose "cattive". Un po' di comprensione sarà molto utile.

2. Mostrare compassione

Se riesci a estrarre la verità da un fatto illecito,
non ti fare i complimenti, ma abbi compassione per gli altri.

(*Analecta* 19.19)

Una persona benevola ha bisogno di avere compassione per chi si comporta male. Il figlio di Karen avrebbe potuto spiegare gentilmente alla madre come mai fosse così contrariato dal nuovo programma, ma ha solo undici anni ed è immaturo nella capacità di giudizio. Invece di condannare subito tuo figlio, cerca di essere solidale: ti sentirai meglio. Ciò implica qualcosa di più del cercare di capire la sua versione della storia: significa sentire il suo dolore o le altre emozioni. Il figlio di Karen era molto arrabbiato quando ha sbattuto la porta. Se Charles fosse stato un giovane uomo benevolo, avrebbe avvertito il dolore nel cuore della madre quando le ha gridato «sparisci!». La compassione significa sentire le emozioni dell'altro, e questa è la risposta essenziale da coltivare per prevenire la violenza contro un altro individuo, o contro qualunque altro essere umano sulla terra. E tu, percepisci mai la sofferenza di un'altra persona? Più *senti* la paura e il dolore di tuo figlio quando lo ferisci con la mano o le parole, più sarà difficile aggredirlo. Inoltre, più lui conosce la benevolenza, più apprezzerà gli effetti delle proprie azioni sui genitori e sugli altri.

3. Analizzare il proprio contributo al problema

Devo ancora incontrare la persona che è in grado di
percepire il proprio errore e che internamente critica se stesso.

(*Analecta* 5.27)

Qui Confucio si rammarica di non essere ancora riuscito a trovare persone che siano in grado di criticare se stesse. Che cosa avrebbe potuto fare Karen per evitare la crisi d'ira del figlio? Avrebbe potuto discutere con lui del nuovo programma di configurazione di Internet prima di installarlo, avrebbe potuto insegnargli a gestire la rabbia o l'importanza del rispetto in casa. Solo quando valutiamo il nostro contributo in una situazione, la vediamo con imparzialità e onestà. Se hai fatto qualcosa di sbagliato, ammettilo. Già riconoscerlo con te stesso è di grande aiuto. Non solo tale ammissione contribuisce a risolvere la situazione, ma insegnerai anche a tuo figlio una lezione importante sulla riflessione interiore e l'accettazione delle proprie responsabilità.

4. Non si resiste alla cortesia

Non imporre agli altri ciò che non desideri.
(*Analecta* 12.2)

In altre parole, non fare agli altri quello che non vorresti fosse fatto a te. Si tratta di un principio che abbiamo sentito ripetutamente in testi e lingue differenti. È la regola d'oro della benevolenza. Se ciascuno di noi fosse in grado di ripetersi questa citazione ogni volta che vogliamo ferire un'altra persona, fisicamente o verbalmente, potremmo evitare molti atti sgarbati. Ognuno ama essere trattato affabilmente, e anche la persona più crudele del mondo non sarebbe in grado di resistere alla gentilezza.
Karen, per esempio, potrebbe aprire la porta a calci o con la chiave, trascinare Charles fuori dalla stanza e agire come un toro furioso. Potrebbe dire e fare tutto ciò che serve per ferire Charles. E sapete cosa penserebbe Charles? Penserebbe a come ferire a sua volta la madre, perché anche lui è molto arrabbiato. E il ciclo andrebbe avanti di questo passo.

Ma c'è un'altra possibilità: Karen potrebbe trattare Charles con cortesia e rispetto, proprio come vorrebbe essere trattata; del resto è questo che vorrebbe insegnare a Charles. Una volta che entrambi sono calmi e si sono ripresi da quell'episodio tremendo, Karen potrebbe mettersi a sedere tranquillamente con il figlio. Dovrebbe agire con garbo, non per essere permissiva, ma perché sa che il potere della cortesia le darà il risultato desiderato. Se Karen è in grado di scacciare la rabbia dalla testa e di *rispondere*, invece di *reagire*, alla maleducazione del figlio, allora potrà andare al secondo e al terzo passo.

Secondo passo

Pensare chiaramente e con saggezza

Quando siamo adirati, abbiamo bisogno di benevolenza per aiutarci a chiarirci la mente, ma ci occorre anche la virtù della saggezza per poter pensare in modo adeguato. Pensare con chiarezza è importante perché solo quando abbiamo la mente sgombra possiamo prevedere *rapidamente* le conseguenze delle nostre azioni, prima di dire o fare qualunque cosa. Se sei stato in grado di apprendere la benevolenza, di calmarti (altrimenti fai una pausa più lunga e torna ai pensieri benevoli) e non sei più arrabbiato, rimanere tranquillo e fingere che non sia successo nulla può essere tanto insensato quanto dire la cosa sbagliata. Un ragazzino di undici anni come Charles ha bisogno di indicazioni da parte della madre. Deve imparare a gestire la rabbia e va punito adeguatamente per essersi comportato male.

Nel Capitolo 5 vedremo come diventare un maestro in grado di ispirare. Ma, per il momento, occorre concentrarsi sul raggiungimento dei giusti risultati e saper vedere le conseguenze delle nostre stesse azioni. Karen ha bisogno di ottenere tre cose. Primo, deve insegnare a Charles le buone maniere. Deve fargli capire che sbattere la porta e dire parole volgari non è affatto consentito in casa (anche lei, però, dovrà ricordarsene). Secondo, deve insegnargli a combattere per quello in cui crede con il raziocinio, e non con la violenza o la maleducazione. Terzo, deve fargli capire che lei è una madre comprensiva che desidera solo il meglio per il figlio.

Karen ha bisogno di sentire ciò che Charles ha da dire, qualsiasi sia il metodo di ascolto utilizzato, e quindi di raccontargli la sua versione della storia. È sempre bene che genitore e bambino riescano a giungere alla comprensione reciproca, che quindi non diventerà lotta di potere. Ciò nonostante, secondo l'età del ragazzo e la sua maturità, i genitori dovrebbero sempre avere l'ultima parola. Ma, ricorda, anche se il bambino si comporta male durante la conversazione, assicurati di avere la saggezza per riconoscere che tu sei l'adulto che ha a che fare con un bambino, e che dovresti essere l'unico a rimanere calmo e ad avere il controllo della situazione.

Terzo passo

Avanti a tutta velocità con coraggio

Il coraggio è necessario per attuare l'atto di benevolenza. La maggior parte della gente crede che il coraggio significhi essere arditi nel fare ciò che si *vuole* fare. In molti casi è vero. È coraggioso, per esempio, scalare il monte Everest o allenarsi per il triathlon. *Tuttavia, nell'educazione dei figli, anche i genitori devono avere il coraggio di trattenersi dal fare ciò che vogliono, soprattutto se sono arrabbiati*. Quando una persona è adirata, la reazione naturale è "combatti o fuggi". Se i nostri figli si comportano male e ci provocano, è naturale voler combattere e vincere, oppure negare semplicemente il problema e allontanarsi.

Confucio diceva che il coraggio privo della nozione della benevolenza è pericoloso. In effetti, avere il coraggio di ferire i nostri figli quando siamo arrabbiati è molto pericoloso: per loro e per noi. Ti capita di sentire il cuore martellare e le mani che sudano quando strilli a tuo figlio? È rischioso per la salute. D'altra parte, fuggire il problema è altrettanto pericoloso. In questo modo privi tuo figlio della possibilità di imparare dall'errore, e questo può essere l'inizio di un incubo sia per te che per lui. Invece di scappare dal problema, esamina ogni errore commesso. Confucio diceva: *Conoscere il tuo errore è prossimo al coraggio*. Se scopri l'errore, prendi coraggio e ammettilo con te stesso e con tuo figlio. Secondo l'età e la maturità del bambino, spiegagli che ognuno commette degli sbagli, ma la cosa più importante è apprendere da essi e migliorarsi. Questo insegnerà l'importanza dell'autoanalisi a tuo figlio, che ti rispetterà di più per l'onestà e il coraggio.

L'unione di benevolenza, saggezza e coraggio ti metterà nella condizione di astenerti dalla risposta "combatti o fuggi" e di convertire quell'energia per aiutarti a rimanere forte e resistere alla tentazione. Solo quando sei in grado di tenerti lontano da una reazione impulsiva, ti puoi calmare con la benevolenza, e solo quando sei calmo puoi far ricorso a tutta la saggezza che hai coltivato e agire in modo assennato e coraggioso.

La benevolenza è una qualità potente: con essa possiamo approfondire la relazione con i nostri figli e con noi stessi. Possiamo gestire l'ira trasformandola in comprensione, compassione e consapevolezza di sé. Più virtù avrai coltivato dentro di te, più "acqua" avrai immagazzinato per spegnere il fuoco. Tutte le nozioni imparate sui libri di pedagogia saranno più efficaci quando la mente è sgombra e il cuore è pieno d'amore.

Le nove riflessioni di una persona benevola

Una persona benevola fa nove riflessioni
Quando guardi, pensa se hai visto in modo chiaro
Quando ascolti, pensa se hai sentito correttamente
Quando comunichi, pensa se rifletti cortesia
Quando sei di fronte agli altri, pensa se mostri rispetto
Quando parli, pensa se sei sincero e veritiero
Quando sei al lavoro, pensa se sei serio con il lavoro
Quando sei in dubbio, pensa se hai cercato il consiglio dagli altri
Quando sei adirato, pensa se hai considerato
la conseguenza di questa azione
Quando un vantaggio è possibile,
pensa se la tua azione è appropriata e giusta

(*Analecta* 16.10)

Queste nove riflessioni sono azioni che dovremmo compiere in tutte le esperienze di vita. Applicandole all'educazione dei figli, assumono questa forma:

- Quando guardi tuo figlio o il suo problema, pensa se hai visto in modo chiaro.
- Quando ascolti tuo figlio, pensa se hai sentito correttamente.
- Quando comunichi con tuo figlio, pensa se dimostri di essere gentile e cortese.
- Quando sei faccia a faccia con tuo figlio, pensa se mostri rispetto per lui come persona.
- Quando parli con tuo figlio, pensa se sei onesto e sincero con le tue parole.
- Quando educhi tuo figlio, pensa se stai prendendo l'impegno seriamente.
- Quando sei in dubbio su ciò che devi fare con tuo figlio, pensa se cercherai aiuto dagli altri.

- Quando sei adirato, pensa alle conseguenza delle tue parole o azioni. In questo caso può essere utile fare cinque respiri profondi prima di rispondere.
- Quando sei in grado di raggiungere l'obiettivo educativo, pensa se tale risultato è per il tuo benessere o per il bene di *tuo figlio.*

Tutte queste indicazioni sono reciprocamente connesse e funzionano meglio se applicate insieme. Medita su questi obiettivi mentre cerchi di introdurre la benevolenza nel tuo cuore e approfondisci la relazione con tuo figlio. Ogni volta che agiamo tenendo una di queste riflessioni in mente, siamo un passo più vicini a essere genitori benevoli.

Semplici risposte a domande frequenti

Che cos'è la benevolenza?

La benevolenza è la virtù che ci aiuta a cambiare il modo in cui vediamo e trattiamo gli altri sentendo il bisogno di amore e cortesia degli altri. È la virtù più importante per tutte le relazioni umane perché ci dà il potere di cambiare noi stessi e le persone intorno a noi. Come la violenza, anche la benevolenza è contagiosa e si può diffondere rapidamente da un essere umano all'altro.

Perché ai genitori serve la benevolenza?

I genitori hanno bisogno di benevolenza perché questa consente loro di vedere correttamente e di comprendere i propri figli per quello che sono, i problemi per come si pongono, e gli obiettivi educativi per come dovrebbero essere. Inoltre la benevolenza è necessaria, perché li aiuta a cambiare se stessi dall'interno per poter diventare i migliori genitori possibili.

Quando abbiamo bisogno di benevolenza?

Di benevolenza abbiamo bisogno sempre, ventiquattro ore al giorno, nell'educazione dei figli, ma serve in particolar modo quando le cose sono fuori controllo e siamo in collera o in dubbio circa l'amore per loro. La benevolenza ci aiuta quindi a rinnovare l'amore di genitori, anche quando il bambino che abbiamo di fronte non sembra meritarne più.

Come applicare la benevolenza all'educazione dei figli?

Ecco un esempio per applicare la virtù della benevolenza in una situazione difficoltosa. Scopri che tua figlia fa uso di droghe. Sei furioso e deluso. È dura essere coscienziosi riguardo alla risposta da dare. La benevolenza ci viene incontro per scegliere tra danneggiare ulteriormente la ragazza e la nostra relazione figlio/genitore, *oppure* guardare alla radice del problema e trovare il coraggio di affrontarlo. I genitori benevoli scelgono di aiutare il figlio a superare il problema, invece di allontanarlo ancora di più. È qui che l'autocontrollo e l'autoanalisi devono unirsi alle nove riflessioni e ai cinque pregi dei genitori benevoli. Solo la benevolenza ci può aiutare a scegliere il percorso giusto.

Capitolo due

Saggezza per decisioni educative assennate

La saggezza è la virtù che ci consente di fare scelte adeguate e prendere decisioni valide. Diversamente dall'intelligenza, la saggezza non è innata, ma deve essere coltivata. Si forma con lo studio, ma anche con la riflessione e l'esperienza. La virtù della saggezza implica la giusta conoscenza per prendere decisioni giuste. Ti troverai ad aver bisogno di diversi tipi di saggezza per generi differenti di scelte.

Quando gli veniva chiesto cosa fosse la saggezza, Confucio diceva: *Conosci il tuo prossimo* (*Analecta* 12.23). In altre parole, avere saggezza significa conoscere gli esseri umani. Ecco perché è sempre bene studiare la psicologia infantile quando si cerca di affrontare i problemi di un figlio. Se non conosciamo i pensieri dei nostri figli, sarà arduo prevederne azioni e comportamento. Confucio diceva inoltre che un uomo di saggezza non ha mai due menti. Ciò vuol dire che una persona assennata non ha mai due punti di vista quando si trova a giudicare tra giusto e sbagliato. Un genitore di saggezza non avrà dubbi in merito alla benevolenza, facilitando così la differenziazione tra giusto e sbagliato.

Come in altre aree importanti della vita, coltivare la saggezza nell'educazione dei figli richiede non solo l'intelligenza. Essa deve cominciare con l'acquisizione e *il perfezionamento della conoscenza*, quindi comprendere l'origine di ogni dato problema o situazione. Confucio definiva il perfezionamento della conoscenza come caratteristica essenziale e fondamentale nella guida di una famiglia. Ma questo tipo di saggezza può anche essere l'elemento più importante per governare una nazione e portare la pace nel mondo. Confucio la descriveva così:

Se desideri guidare la tua famiglia,
prima devi coltivare te stesso
Se desideri coltivare te stesso,
prima devi rettificare la tua mente
Se desideri rettificare la tua mente,
devi prima cercare di essere sincero nel pensare
Se desideri essere sincero nel pensare,
devi prima cercare di perfezionare la conoscenza.

(Il grande sapere)

Ma vediamo più nel dettaglio ognuno di questi quattro elementi.

1. Perfezionare la conoscenza: trovare la radice del problema

Fin dalla scuola materna mio figlio era sempre stato uno studente bravissimo, con voti buoni e nessun problema di disciplina. Ciò nonostante, quando aveva cominciato da due mesi la seconda media, ricevetti una telefonata che mi destò dal mio torpore di madre. L'insegnante di matematica mi chiamò per dirmi che mio figlio non faceva i compiti per casa e che non si preparava per l'esame. Mi disse anche che se lo faceva con la sua materia, probabilmente si comportava allo stesso modo anche con le altre. Aveva ragione. Nei giorni seguenti mi chiamarono altre due insegnanti, che mi dissero le stesse cose. Quando chiesi a mio figlio spiegazioni in proposito, la sua risposta fu ancora più allarmante: «Non vado così male, dovresti vedere Jason: non fa mai i compiti e si picchia in continuazione con gli altri a scuola. Almeno io mi tengo lontano dalle zuffe».

Il mio bambino perfetto, che solo due anni prima aveva ricevuto il President Award[1], improvvisamente si era trasformato in Jason 2? Lì capii di trovarmi nei guai e che era necessario fare qualcosa. Sapevo che dovevo scoprire tutta la verità dietro ciò che era accaduto. Avrei lavorato per perfezionare la conoscenza, che mi avrebbe consentito di trovare la radice del problema, di prevedere dove avrebbe portato tale problema e di decidere cosa fare.

Mi vennero in mente alcune cose: la cattiva influenza dell'amico, la possibilità che l'impegno a scuola stesse diventando troppo difficile o che fosse solo un periodo passeggero. Però mi resi conto che queste erano solo le ramificazioni delle difficoltà. Dovevo indagare e scovarne la radice che aveva provocato questo suo drastico cambiamento.

Dopo aver riflettuto a lungo e ricercato le possibili origini della questione, alla fine vidi la luce: la radice della faccenda stava nella madre troppo apprensiva. Il suo "nuovo" comportamento era un segnale d'allarme del fatto che volesse guadagnarsi un certo controllo della propria vita. Il mio stile educativo soffocante lo aveva fatto allontanare da me e sperimentare il diverso atteggiamento scelto. L'amico e le nuove

[1] Riconoscimento ufficiale conferito agli studenti più diligenti tra coloro che si apprestano a prendere la licenza elementare o media o il diploma delle scuole superiori [*N.d.T.*].

abitudini circa lo studio erano il suo modo di dirmi che voleva provare l'indipendenza.

Credo che gli anni della preadolescenza e della prima adolescenza siano i più vulnerabili per i ragazzi, perché sono ancora troppo giovani per sapere quale sia il modo giusto di lottare per la propria autonomia. Si sentono spesso impotenti e a volte si arrabbiano per l'eccessivo controllo da parte dei genitori. Molte ragazze, per esempio, sviluppano disturbi di alimentazione, mentre altre cominciano a eccedere con certe sostanze o con l'attività sessuale perché sanno che, a prescindere da quanto possa essere autoritario e apprensivo un genitore, loro avranno sempre l'ultima parola su ciò che vogliono fare del proprio corpo. Le mie ricerche mi avevano portato a ritenere che, tutto sommato, il difficile periodo di mio figlio a scuola era una mezza benedizione per me. Le cose sarebbero potute andare anche molto peggio.

Per rendere più completa l'indagine, avevo bisogno anche di prevedere ciò che poteva succedere più avanti. Non era difficile immaginare gli sviluppi del suo comportamento: cattivo rendimento a scuola, problemi di disciplina, una relazione genitore-figlio rovinata... Sapevo che bisognava fare qualcosa, velocemente. Il fatto mi spinse a indagare e perfezionare la mia conoscenza come genitore. Mi considero fortunata per aver saputo reagire in tempo a questi indizi e sistemare le cose prima che fosse troppo tardi. *Come genitori, dobbiamo fare attenzione ai segnali di possibili guai prima che la bomba scoppi*. Spesso non riusciamo a essere consapevoli dei problemi che abbiamo proprio dinanzi agli occhi, perché non sappiamo vedere ciò che non vogliamo vedere.

La virtù della saggezza ci insegna a essere sempre consapevoli di quel che ci succede intorno. Un genitore saggio non si limita a stare seduto a leggere libri di pedagogia. È del tutto inutile essere saggi se non siamo consci di ciò che accade nella vita dei nostri figli. Questo è più semplice finché i bambini sono piccoli. Ma quando si avvicinano all'adolescenza, la parola chiave è "comunicazione", perché anche il genitore più saggio non sarà in grado di fare un buon lavoro se i figli lo tengono al di fuori della loro esistenza.

Dopo aver analizzato il problema e perfezionato la conoscenza, è tempo di chiederci che cosa faremo e quale sia la cosa giusta da fare.

2. Sinceri nel pensiero: evitare di illudersi

Come ogni altro genitore, la recente scoperta della radice dei problemi di mio figlio era dura da accettare. Doveva esserci qualcos'altro o qualche altro colpevole, e l'avrei messo sotto processo. Ma dopo averci pensato più volte, decisi che avrei dovuto avere il coraggio di essere onesta e accettare quanto avevo scoperto di me stessa.

Non è mai semplice ammettere, anche con te stesso, che quella che credevi un'educazione piena di buone intenzioni si è invece rivelata dannosa per tuo figlio. I sentimenti di colpevolezza, paura, confusione e persino rabbia, possono farci fuggire dalla verità. Ma questa può anche essere un'opportunità per vedere noi stessi in modo tutto nuovo. È solo quando ammettiamo un errore che possiamo provare a cambiare e correggere lo sbaglio. *Non correggere un errore è un errore* (*Analecta* 15.30).

Prendere la decisione di cambiare è relativamente semplice, cambiare non lo è. Confucio diceva che tutti i cambiamenti debbono venire dall'interno, e forse tutti la pensiamo in questo modo. Karim Hajee, fondatore del "Sistema per Creare il Potere" ha scritto nel suo libro *Creating Power: The Secrets to Success and Happiness*: «Il tuo subconscio non distingue il bene dal male [...]. La tua mente subcosciente o il tuo spirito agiscono in base alle istruzioni ricevute dalla mente cosciente.

Quelle *istruzioni* sono le tue *riflessioni*. Riflessioni che, ripetute più volte, diventano *convinzioni*. Le convinzioni sono fondate sulla tua mente subconscia e diventano la tua realtà. Tutto comincia con le tue riflessioni, che si trovano nella mente conscia. Per cambiare le tue convinzioni hai bisogno di cambiare le tue riflessioni».

Se vuoi essere sano e forte ed essere convinto che puoi mantenerti in forma, la mente subconscia ti porterà a svegliarti presto, a fare ginnastica prima di andare al lavoro, informarti sulla nutrizione sana, ridurre alcol e dolci, cominciare a fare yoga e così via. Tuttavia, se sei convinto che i tuoi geni non siano buoni e che siano destinati a essere deboli e malsani, ti abbandonerai al cibo insalubre e diventerai un poltrone. Lo stesso vale per lo studio, la carriera, il matrimonio e, naturalmente, l'educazione dei figli. Se credi di voler essere un genitore gentile e cortese, o virtuoso, diventerai un genitore gentile e comprensivo, o virtuoso. Se credi di aver bisogno di controllare e criticare tuo figlio per crescerlo bene, diventerai un genitore che controlla e critica. *L'unico modo per cambiare genuinamente te stesso è quando la virtù della saggezza ti illumina con ciò che è giusto e ciò che è sbagliato fare*. Ecco perché è molto importante comprendere e credere in ciò che è giusto per te, affinché il potere del subconscio ti aiuti ad arrivarci.

Questo è il motivo per cui è importante la saggezza. Senza saggezza non sapremmo distinguere ciò che è giusto da ciò che è sbagliato, e questa condizione potrebbe indurci a inserire nella mente riflessioni errate. Queste ci porteranno poi all'azione sbagliata che, a sua volta, determinerà il risultato sbagliato. Nella *Dottrina del mezzo* Confucio diceva: *Se un uomo non comprende ciò che è giusto, non conseguirà la sincerità in se stesso*. Ecco perché si dice che la sensibilità per giusto e sbagliato sia l'inizio della saggezza.

Rettificare la mente: evitare di giudicare erroneamente a causa delle emozioni

Ero arrabbiata con mio figlio? Avevo paura che potesse peggiorare a scuola e che poi, nell'adolescenza, si venisse a trovare in situazioni ancora più pericolose? Ero sconvolta perché mi aveva deluso? Ero angosciata dalla vicenda? La risposta a tutte queste domande era «sì». Avevo la lucidità di mente per fare ciò che era giusto? La risposta era «no», o almeno non subito. Siamo esseri umani e le emozioni sono parte della nostra natura. La mente non può prendere decisioni assennate se si trova sotto l'influenza emotiva di passione, paura, terrore, dolore, angoscia, o del trasporto della gioia.

Per essere genitori saggi, dobbiamo innanzitutto rettificare la mente, affinché possiamo essere liberi dall'influenza opacizzante delle emozioni forti, prima di prendere qualunque decisione o di dare qualsiasi giudizio. Se siamo in grado di guardare con chiarezza, non solo sapremo accedere alla saggezza dentro di noi, ma saremo anche equi, a prescindere, per esempio, dal fatto di avere avuto una giornata buona o cattiva.

Coltivare la persona: illuminati con saggezza

Fu dopo aver tentato di "perfezionare la conoscenza" che scoprii la radice del problema. Quando diventai sincera nel pensiero, ebbi coraggio a sufficienza per essere onesta con me stessa sulla verità. E quando fui in grado di rettificare la mia mente, arrivai a vedere mio figlio senza l'influenza deformante della rabbia o della delusione, e a sentire il mio amore per lui anche se in quel momento era andato fuori strada. E solo quando seppi come evitare decisioni insensate, fui in grado di coltivare in me stessa quelle qualità che mi avrebbero fatto diventare il genitore che poteva davvero aiutare il figlio.

Non risolsi il problema perché ero un genitore saggio: fu esattamente il contrario. Il problema mi aveva dato l'opportunità di coltivare me stessa e di diventare più saggia durante il processo. Quando ci miglioriamo in questo modo, portiamo noi stessi a un livello di consapevolezza più elevato. E una volta ottenuta questa consapevolezza, possiamo evitare di commettere gli stessi sbagli in futuro.

Nel libro *Wisdom of Ages*, Wayne Dyer afferma che «l'illuminazione non è un risultato, ma uno stato di consapevolezza. Una volta ottenuto tale stato, tutto sembra diverso, anche se non ha avuto luogo nessun cambiamento. È come se avessi attraversato la vita a occhi chiusi e improvvisamente li avessi aperti. Adesso puoi vedere, ma il mondo non è cambiato: è semplicemente che lo vedi con occhi nuovi». Questo è certamente vero per coltivare la buona educazione dei figli. Se coltivi la virtù della saggezza, infatti, sarai in grado di vedere i tuoi figli in una nuova prospettiva, che la passione o la rabbia ti avevano impedito di scorgere prima. Vedrai anche cose che vanno al di là del domani e che ti consiglieranno di agire di conseguenza. Una volta in grado di ottenere la chiarezza di mente per fare la scelta migliore per te e per tuo figlio, capirai ciò che intendeva Confucio con *coloro che hanno la saggezza, non saranno confusi*.

La saggezza di prendere buone decisioni

Per cose più complesse magari serve l'intelligenza, ma è la saggezza ciò di cui abbiamo bisogno per prendere decisioni nella vita quotidiana. Anche per chi ha un Q.I. superiore o un dottorato di ricerca, quando si tratta di educazione dei figli, l'intelligenza non garantisce la saggezza. E, a meno che non ti sia stato insegnato a prendere da solo decisioni giuste fin da quando eri piccolo, probabilmente da adulto starai ancora imparando queste competenze. L'età e l'esperienza sono d'aiuto, ma in ultima analisi quello che fa la differenza è avere o no le nozioni necessarie per prevedere le conseguenze delle tue decisioni.

Prendere decisioni sagge è molto importante per educare i nostri figli (non solo per le decisioni che prendiamo come genitori, ma anche per quelle che loro possono prendere da soli). Purtroppo non ci sono regole fisse da seguire in merito a quando i bambini dovrebbero prendere le proprie decisioni. Dipende tutto dalla maturità del bambino e dalla natura delle scelte. Si tratta cioè di *che cosa*, più che di *quando*. I genitori dovrebbero avvalersi del loro buon senso per stabilire che tipo di decisioni i propri figli siano in grado di prendere in base all'età. Per esempio, cosa faresti se tuo figlio volesse abbandonare la borsa di studio del college perché subito dopo il diploma intende mettere su famiglia con la ragazza delle superiori? Si tratta di una decisione piuttosto grossa che avrà grande impatto sulla sua vita futura. Non c'è niente da fare per impedirgli di andare in quella direzione: è innamorato ed è maggiorenne. Ma ciò che puoi fare è aprirgli gli occhi sulle implicazioni della sua decisione e sulle cose che magari potrebbe non vedere, considerata la giovane età.

Come detto in precedenza, saggezza significa percepire ciò che è giusto e ciò che è sbagliato. Ma per un futuro diplomato innamorato, sposarsi con la fidanzata è la felicità e quindi può sembrare la cosa giusta da fare. In questo caso, dunque, usa assennatezza ed esperienza per guidare delicatamente i due giovani affinché vedano le conseguenze del matrimonio in così giovane età. Al di là delle considerazioni economiche, dovrebbero anche tenere in conto se sono in grado di sentirsi vincolati sentimentalmente da una famiglia e, quel che è più importante, se si conoscono a sufficienza da essere certi della reciproca compatibilità come marito e moglie, e come genitori per i futuri bambini. Suggerisci a tuo figlio di immaginare come sarà tra dieci anni e poi lascialo decidere.

Se, dopo aver essersi visto nella sfera di cristallo tra dieci anni, intende ancora andare avanti con il matrimonio, allora dovrai insegnagli a essere responsabile per le conseguenze della sua decisione; basta che più tardi non dia la colpa agli altri o si penta della scelta. Questo addestramento a prendere decisioni responsabili dovrebbe cominciare già in tenera età. I bambini piccoli dovrebbero poter fare scelte semplici (per esempio, se bere una bibita gassata o del latte), per poi passare a cose più serie crescendo (come scegliere il proprio sentiero spirituale).

Di norma i genitori occidentali lasciano ai figli maggiore libertà di prendere le proprie decisioni, anche se ciò non dovesse necessariamente portare ai risultati migliori. Se lasciamo che i bambini siano liberi di decidere senza una guida adeguata, quella stessa libertà potrebbe rivelarsi rischiosa per il loro sviluppo. Analogamente, anche i genitori orientali, che intendono avere il controllo dei figli per tutta la vita, devono sapere che ne mettono in pericolo la crescita come persone, poiché li privano della possibilità di imparare a coltivare la saggezza nel processo decisionale.

Premiare il buon comportamento

Anche quando un bambino è ancora nella culla o sul seggiolone, i genitori solitamente prestano più attenzione alle condotte errate. I neonati che rimangono tranquilli o i bambini molto piccoli che giocano serenamente con i loro giocattoli di solito ricevono poca attenzione, mentre chi piange e ha una crisi di nervi diventa immediatamente il centro di tutte le premure.

I genitori dovrebbero invece interessarsi anche al comportamento corretto dei propri figli, altrimenti in breve questi potrebbero decidere di ottenere quell'attenzione nel modo sbagliato. Prendere decisioni giuste sulla base del giudizio morale non è semplice per i bambini, ed ecco perché è bene incoraggiarli. Un abbraccio, un bacio o un sorriso è tutto ciò che tuo figlio vuole da te, almeno quando è piccolo. Questo genere di risposta positiva li stimola a prendere le decisioni giuste nella vita. Se tuo figlio ti dice che molti dei suoi amici rubano al supermercato, non cominciare a fargli la ramanzina sul fatto che dovrebbe tenersi alla larga da quelle amicizie o su come sia brutto rubare. Digli, piuttosto, di quanto sei felice come genitore sapendo che è un bambino assennato e sensibile.

Fin da quando è piccolo, insegna a tuo figlio la differenza tra una decisione saggia e una imprudente. Inizia insegnandogli le conseguenze o gli effetti futuri delle sue azioni. Ciò educherà il bambino a sviluppare anche la lungimiranza o la capacità di guardare al futuro. I bambini non avranno la maturità per vedere molto lontano, ma i genitori verranno in loro aiuto come "cannocchiale". Al bambino che ruba dallo zaino dell'amico andrebbe insegnata la *benevolenza* affinché senta compassione per il compagno. Gli andrebbe insegnata la *saggezza* affinché pensi alle conseguenze della propria azione. Se guidato correttamente, sarebbe in grado di vedere come mai sia sbagliato rubare; saprebbe notare il viso triste dell'amico; basterebbe spiegargli che forse l'oggetto rubato è importante per l'amico e che forse egli stesso potrebbe essere interrogato dalle autorità scolastiche per questa faccenda.

La chiave è insegnare al bambino, già in tenera età, i criteri per prendere una decisione giusta. Molti adulti, che non hanno avuto l'opportunità di imparare a prendere decisioni, avranno difficoltà a stabilire cosa fare della propria vita. E ciò sarà un problema quando loro stessi diventeranno genitori. Questo ci porta all'argomento seguente, ovvero le punizioni corporali, considerate giuste da alcuni genitori e sbagliate da altri.

Il danno delle decisioni dissennate: le punizioni corporali (colpire, dare schiaffi, sculacciare)

Nell'antica Cina la punizione corporale era *la* via della disciplina. Al bastone si attribuiva molta rilevanza e ne veniva onorato uno come "bastone di famiglia". I bambini, anche quelli più grandi, portavano spontaneamente il bastone di famiglia al padre e chiedevano di essere puniti quando facevano qualcosa considerato inaccettabile. Nel mondo occidentale di oggi la punizione corporale è vista come modo inadeguato per imporre la disciplina e i genitori possono addirittura essere puniti dalla legge per questo. I figli conoscono i propri diritti e molti non tollererebbero mai alcun tipo di castigo fisico.

Oggi i pedagoghi attribuiscono a Confucio la colpa di aver contribuito a un sistema sociale improntato all'autorità, che giustificava la punizione corporale. Per quanto io riconosca il valore della saggezza di Confucio, purtroppo non condivido il suo sistema sociale autoritario e non sono affatto d'accordo sulle punizioni corporali. Ciò nonostante, dobbiamo capire che le punizioni fisiche erano pensate per i genitori della Cina di duemilacinquecento anni fa, perché quella era la norma. I bambini *non* si sentivano maltrattati dall'autorità dei genitori o per una scarica di legnate. A prescindere se ci piace o meno il carattere remissivo di questi bambini dell'antica Cina, la lezione che possiamo imparare è che la punizione corporale risulta efficace *solo* se il bambino conviene con la tua azione. Potrebbe sembrare assurdo, ma anticamente quasi tutti i bambini cinesi ringraziavano i genitori per il castigo, perché erano genuinamente convinti che le bastonate fossero inflitte per il loro bene, dato che questo era il pensiero della cultura corrente.

Nel mondo odierno nessun bambino sarebbe d'accordo se tu lo educassi con punizioni corporali. Se i figli non comprendono e non accettano sinceramente le tue ragioni, la punizione corporale è senz'altro un atto di violenza che non dovrebbe mai essere effettuato. Ma è di nuovo tempo di analizzare la radice e il ramo. Picchiare un bambino è un ramo con due radici: educazione e rabbia.

La radice "Educazione"

Picchiare un bambino non è che uno dei numerosi rami collegati alla radice detta Educazione. I genitori sono responsabili dell'educazione dei figli più piccoli e devono proteggerli dai pericoli o dall'essere un pericolo per gli altri. In alcune circostanze picchiare sembra l'unico mezzo per evitare che tuo figlio si ferisca o ferisca gli altri. Però vi sono alternative più efficaci che picchiare un figlio. In base all'età del bambino, i genitori possono prendere in considerazione le seguenti opzioni elencate in ordine di maturità del bambino:

- *Presta attenzione a quando si comporta bene e ignora quando si comporta male*
  Come abbiamo visto nella sezione precedente, se facciamo attenzione al bambino piccolo che gioca da solo nella sua stanza, ben presto saprà che non ha bisogno di comportarsi male per ottenere attenzione.
- *Cerca di comprendere il bisogno reale dietro al cattivo comportamento del bambino*
  È forse più semplice dar da mangiare al tuo bambino che lasciargli fare un disastro mentre mangia da solo, perché così impara come si fanno le cose, anche se per te è difficile o comporta un lavoro maggiore.
- *Insegna a tuo figlio a sviluppare la motivazione giusta alla base delle sue azioni*
  La paura della punizione, il desiderio di ricompensa o la determinazione a ottenere l'attenzione sono motivazioni immature per i bambini, ma anche per gli adulti. I genitori dovrebbero insegnare ai figli a fare ciò che è giusto, rispetto a

ciò che è sbagliato. La ragione alla base di quello che è moralmente giusto dovrebbe essere insegnata a un bambino fin da piccolo, per diventare poi l'origine dei suoi successi duraturi.

- *Comunica con tuo figlio*
  Questo, in effetti, è l'unico modo che hai per aiutarlo a correggere i suoi errori. Potresti pensare che tuo figlio si picchi coi compagni a scuola perché è un prepotente, ma forse lo fa solo perché lo soffochi così tanto, che vuole mascherare la sua paura attaccando gli altri.
- *Stabilisci limiti ragionevoli*
  Fissando dei confini, puoi insegnare ai tuoi figli il significato delle conseguenze. I bambini che non hanno limiti si sentono liberi di fare quello che vogliono a casa, a scuola e nel mondo reale. E di solito devono imparare sulla loro pelle il frutto delle loro azioni, se a casa non sono stati educati bene a essere responsabili dei propri atti e ad accettarne le conseguenze.

Si tratta solo di alcune alternative alla punizione fisica. Questa, a volte, potrebbe sembrare il modo più rapido per ottenere risultati immediati quando vuoi educare tuo figlio. Eppure niente garantisce che apprenda la lezione; anzi, c'è la sicurezza di farlo soffrire. Indipendentemente dai punti di vista, con la violenza si viola la dignità di un altro essere umano, ancora debole e indifeso per la sua età.

Le ricerche condotte dal Laboratorio di Ricerca Familiare presso la University of New Hampshire, hanno rilevato che se i genitori evitano le punizioni corporali, è più probabile che intraprendano metodi verbali di controllo del comportamento, per esempio spiegando una certa situazione al bambino (Straus e Paschall). L'aumento della comunicazione con i figli accresce la loro capacità cognitiva. Sembra inoltre che tra i benefici della riduzione delle punizioni corporali vi siano meno delinquenza giovanile, meno violenza adulta, meno sesso masochistico, una maggiore probabilità di completare gli studi superiori, un reddito più elevato e un tasso minore di depressione e di abuso di alcol (Kaufman, Kanto e Straus 1994; Straus 1994).

E anche se un ragazzo che ha subito delle punizioni corporali non si rivela un violento lui stesso, la repressione degli sbagli con la forza fisica da parte di uno o di entrambi i genitori determinerà spesso una reazione eccessivamente mite da parte del bambino, che crescerà quindi timido, schivo e obbediente con tutte le persone che ha intorno.

Il danno fisico ed emotivo causato dalla punizione fisica è ovvio. Per quei genitori che non conoscono i possibili effetti di tale atteggiamento, è ora di scoprirli prima che sia troppo tardi. Per quei genitori che sanno già invece quali sono le conseguenze della punizione fisica ma non sanno come prendere altre misure disciplinari, è ora di trascorrere più tempo a leggere testi sulla disciplina positiva. Ricorda: è molto più logorante colpire che leggere. E chi non intende fare nulla per le vecchie cattive abitudini, legga attentamente la prossima sezione, perché ciò che avrà bisogno di gestire nell'educazione dei figli potrebbe non essere la sola punizione fisica... ma il maltrattamento di un minore.

La radice "Rabbia"

Nel Capitolo 2 abbiamo già esaminato come controllare la rabbia con la benevolenza, ma quando la punizione corporale è uno dei rami di questa radice chiamata ira, cioè quando i genitori agiscono sotto impulso della rabbia, è puro maltrattamento dei figli. Altri rami comprendono l'abuso verbale che minaccia e intimidisce; ignorare i figli, che può essere emotivamente dannoso come altri abusi; o i tragici atteggiamenti che leggiamo sui giornali.

Ho sempre pensato che i genitori dessero sculacciate, schiaffi o che picchiassero i figli per insegnare loro una lezione, ma mi sbagliavo. Molti anni fa, quando cominciai a studiare libri sull'educazione, ero solita condividere quello che imparavo con le mie amiche. Una volta eravamo a pranzo e stavo dicendo che se il genitore è arrabbiato, deve calmarsi e fare una pausa prima di prendere in considerazione qualsiasi tipo di punizione corporale. Notai degli sguardi perplessi sulle facce delle mie amiche, poi una mi chiese: «Allora a che serve picchiare mio figlio se non sono più arrabbiata?». Per un momento ho avuto la tentazione di darle uno schiaffo perché potesse sentire la *sua* umiliazione causata dalla *mia* rabbia. Invece no, proprio come maltrattare i bambini, non avrebbe dato nessun risultato positivo. Così, feci appello a tutto quello che avevo imparato sulla disciplina non violenta per poter rispondere alla sua domanda in modo più civile.

Se quello che ti spinge a dare sculacciate, schiaffi o a picchiare tuo figlio è la rabbia e intendi fargli male perché ha fatto qualcosa di sbagliato (o non ha fatto qualcosa di desiderabile), allora la tua azione assume tutto un altro significato. Non è un atto di punizione: è un atto di violenza.

Se perdi il controllo della situazione e hai il sospetto di maltrattare tuo figlio, è necessario che ti rivolga a un esperto prima che sia troppo tardi. Ci vuole una buona dose di coraggio per ammettere la propria ira, ma una volta riconosciuto il problema e la paura che provi, puoi trovare sostegno contattando le organizzazioni locali che aiutano in caso di maltrattamenti dei figli, per esempio Prevent Child Abuse o Parents Anonymous[2]. Trova il coraggio di ammettere che non riesci a controllare la rabbia e cerca un consiglio sui libri o presso i gruppi di sostegno. Uno dei problemi principali dei genitori irritabili è che molti arrivano a un punto nel quale non riescono più a vedere nulla di buono nei propri figli o niente di sbagliato nel picchiarli.

[2] Il corrispettivo italiano è, su tutti, il Telefono Azzurro [*N.d.T.*].

Semplici risposte a domande frequenti

Che cos'è la saggezza?

La saggezza, diversamente dalla benevolenza, non è innata. La saggezza è ciò che coltiviamo dentro di noi, si basa sulla conoscenza, la riflessione e l'esperienza. Ci rende capaci di prevedere le conseguenze delle nostre azioni. Agire in modo avventato non è un atto di saggezza.

Perché i genitori hanno bisogno di saggezza?

I genitori hanno bisogno di saggezza perché tutti i figli sono differenti e l'educazione non è una formula fissa buona per tutti. Il successo nell'educare i figli dipende dal risultato di tutte le decisioni che i genitori prendono ogni giorno. La saggezza ci mette nella condizione di ottenere i risultati migliori prendendo decisioni sagge.

Quando abbiamo bisogno di saggezza?

Abbiamo bisogno di saggezza ogni volta che ci troviamo a un bivio e dobbiamo discernere il sentiero giusto da quello sbagliato.

Come applicare la saggezza all'educazione dei figli?

Ecco un esempio pratico. Potresti trovarti in una situazione nella quale tuo figlio, di sei anni, piange e si lamenta perché tutti i suoi amici hanno l'ultimo giocattolo elettronico di moda e lo vuole anche lui. Tu lo trovi seccante e preoccupante. La saggezza ci insegna a fermarci, pensare e apprendere. Capire la sua motivazione e pensare a come insegnargli la cosa migliore. Magari tuo figlio non si lamenta realmente per il giocattolo, ma per ottenere attenzione, potere o solo per gioco. A volte ai bambini piace spingere il bottone per vedere mamma e papà che saltano su e giù a comando. La saggezza ti aiuterà a mostrare a tuo figlio che lamentandosi non avrà nessuna attenzione, non ci saranno lotte di potere e tanto meno mamma e papà pronti a esaudire tutte le sue richieste. Dovrai dimostrargli che lamentandosi otterrà solo la disapprovazione dei genitori e una punizione. Insegnagli in modo calmo e fermo come chiedere le cose che desidera e a negoziare con le buone maniere. I bambini sono svegli e non perderanno tempo ed energie con un comportamento che non porta loro risultati concreti.

Capitolo tre

Coraggio per cambiare te stesso e il mondo

Il coraggio è la forza dietro a tutto il duro lavoro dell'educazione. Come i soldi e il sonno, il coraggio può aiutare a fare della condizione di genitori un'esperienza più agevole; certo, troppo coraggio non ti rende necessariamente un bravo genitore. Va usato in modo assennato.

Il coraggio di fare la cosa giusta nell'educare i figli è importante, ma ciò che è più importante è il coraggio di impegnarsi e perseverare quando le cose vanno male. Se le cose non sono perfette, di solito ci sentiamo abbattuti e stanchi e allora è molto più semplice smettere di tentare e ignorare la realtà. Ma anche dire solamente «insisterò» non è sufficiente, perché è certamente più facile a dirsi che a farsi. Per questioni determinanti come questa, io consiglio di usare di nuovo il nostro "approccio radice-ramo". Se guardi al problema attentamente, il coraggio di perseverare non è la radice. Se non scoviamo la radice o le radici che possono aiutarci a rafforzare questo ramo, sarà un compito alquanto difficile. In questo capitolo prenderemo in considerazione due radici che fortificheranno la forza di volontà dei genitori: *vergogna e dovere*. Molti esperti di educazione sono restii a prendere in considerazione queste due parole, perché temono che possano indurre il senso di colpa. Ma, per favore, prima cerca di comprenderle e poi decidi per te stesso.

Ma la vergogna è davvero necessaria?

Un uomo non può essere senza vergogna.
Laddove si ha vergogna di essere stati senza vergogna,
non si può evitare di sentire di nuovo quella vergogna.

(*Mencio*, libro VII, parte 1, capitolo VII)

Ogni volta che ci pentiamo di aver fatto qualcosa di sbagliato, per scelta o per caso, ci dispiace, ma proviamo vergogna quando consideriamo la nostra scelta moralmente sbagliata. In altre parole, una persona senza valori morali non proverà mai vergogna. Ma ci vuole qualcosa di più del semplice senso dei valori morali per fare la cosa giusta. Una persona con un buon senso dell'etica può tuttavia negare il sentimento di vergogna perché decide in tal senso.

Per esempio, tutti sanno che è moralmente sbagliato tradire il coniuge, ma alcuni lo fanno ugualmente perché sostengono che è il coniuge a sbagliare. Lo stesso accade con i genitori che abusano o trascurano i figli, che poi affermano che sono i figli stessi la causa. Non solo è insensato ferire un bambino indifeso, ma è vergognosamente sbagliato, a prescindere dalle giustificazioni che si possono dare. Tra le motivazioni comuni per un comportamento immorale del genere vi sono: «È l'unico modo per farlo imparare»; «Sculacciare i bambini disobbedienti è parte della nostra cultura»; «I miei genitori mi picchiavano continuamente»; «Lui l'ha voluto». Si tratta di tutte ragioni prefabbricate che danno i genitori per evitare il sentimento di vergogna. Ciò nonostante, negare il senso di vergogna interiore consentirà a questi individui di non guardare in faccia la verità e, nel farlo, di ignorare la forza e la potenza che può generare la vergogna, utili strumenti per trovare un modo migliore di reagire. Dobbiamo essere dispiaciuti se feriamo involontariamente i nostri figli con i nostri errori: già, perché i genitori *commettono* degli errori. Ma dobbiamo altresì provare vergogna se sappiamo già qual è l'errore e continuiamo a farlo. In breve, questo processo comporta la vergogna quando *scegliamo* di ferire gli altri, o noi stessi, fisicamente o mentalmente; un qualcosa che andrebbe insegnato anche ai bambini piccolissini.

Insegnare la vergogna ai tuoi figli

Guida gli altri con manovre politiche e mantienili disciplinati con la punizione, e allora eviteranno le punizioni ma non avranno il senso della vergogna. Guidali con la virtù e mantienili disciplinati attraverso dei rituali da osservare, e allora svilupperanno il senso della vergogna e, in aggiunta, saranno disciplinati con se stessi.

(*Analecta* 2.3)

Confucio riteneva la vergogna un metodo più efficace della punizione. La vergogna è qualcosa che va insegnata e coltivata come le altre virtù. Il dizionario *Merriam-Webster* definisce la vergogna «un doloroso senso di aver fatto qualcosa di sbagliato». Sembra incredibile, ma tutti i bambini posseggono questo "doloroso senso" fin da piccolissimi, solo che se non viene coltivato, svanisce. I bambini piccoli sono istintivamente sensibili al dolore degli altri; anche un piccolo che muove i primi passi sa che c'è qualcosa che non va quando ti vede le lacrime agli occhi. Prima un genitore riesce a far sentire al bambino il dolore degli altri, prima il bambino proverà vergogna di se stesso quando è causa di sofferenza per le altre persone. In effetti questa potrebbe essere la forza più adatta a contrastare la violenza che ci circonda al giorno d'oggi.

Per insegnare la vergogna ai nostri figli dobbiamo discutere onestamente e apertamente dei nostri sentimenti. Vediamo un esempio.

Betty è in macchina ad aspettare Kelly, la figlia di quindici anni, che è entrata in un bar a prendere un caffè e una ciambella. Di solito a Betty non piace il caffè di quel negozio, ma dato che quel giorno ha un po' fame, decide di entrare anche lei a prendere un muffin.

Mentre Betty guarda i dolci nella vetrina del banco, vede Kelly all'altro capo del bar con una ragazza sui vent'anni. Sta quasi per avvicinarsi per andare a salutare, quando vede la figlia che dà qualcosa alla ragazza, che in cambio le dà dei soldi. Betty si fa prendere dall'ansia e vuole sapere cosa sta succedendo. Fa un bel respiro e si avvicina.

Kelly sembra sconvolta e atterrita di vedere la madre, ma non ha altra scelta e lascia che controlli il sacchetto. Dentro c'è un paio di orecchini. Betty è sollevata perché non si tratta di droga, ma quando guarda di nuovo capisce che il gesto non è troppo diverso da ciò che temeva.

È un paio di orecchini d'oro che sembra esattamente quello che aveva perso la settimana prima. La figlia le ha rubato gli orecchini e li stava vendendo a quella ragazza. Betty non dice nulla e si limita a tornare in macchina.

È demoralizzata. La figlia ha rubato una sua cosa, distruggendo la speranza che fosse onesta e affidabile. Gridando, strillando e mettendo in punizione Kelly non farebbe che mettere la figlia sulla difensiva. La ragazza sa sicuramente che è sbagliato rubare, eppure ha scelto di farlo. La madre dovrebbe cominciare a cercare più informazioni; per prima cosa dovrebbe ascoltare molto attentamente la spiegazione della figlia.

Alla fine risulta che Kelly conosceva questa ragazza tramite un'altra amica che faceva soldi vendendo i gioielli della madre. Dice di non averlo mai fatto prima e che è successo solo perché le piaceva una borsa firmata che andava di moda tra le sue amiche. Betty è arrabbiata quando ascolta la confessione, ma sa che deve farsi coraggio ed evitare di gridare improperi contro la figlia. In effetti Kelly sapeva che era sbagliato rubare, ma ha scelto di farlo ugualmente perché pensava di farla franca.

Qual è il coraggio in questo caso? Betty dovrebbe avere la forza di fermarsi e considerare la situazione nel complesso prima di reagire. Dovrebbe capire che Kelly avrebbe davvero potuto farla franca se lei non fosse entrata nel bar. Dovrebbe inoltre comprendere che se la figlia vuole rubare a sua insaputa, non c'è davvero niente che lei, o la legge, possa fare per impedirglielo. L'unica cosa che le impedirà di rubare di nuovo è coltivare il senso della vergogna e sentire il dolore dentro di sé. Qualcuno potrebbe pensare che la vergogna sia un male per l'autostima di un figlio, invece aiuta a sviluppare un canone morale innato positivo. E poi che cos'è più importante per un figlio, una buona autostima indiscriminata o un forte criterio morale? Sta a te decidere.

Un'altra cosa importante in una situazione del genere è far conoscere a tuo figlio il dolore che ti sta causando. A nessuno piace essere ferito, soprattutto da parte di chi si ama. Se tuo figlio ti vuole bene, e solo se ti vuole bene, sentire il tuo dolore può risultare la punizione migliore. È importante per un genitore condividere con i figli, anche quando sono molto piccoli, "il senso doloroso di fare qualcosa di sbagliato". Se ti sfoghi sui tuoi figli solo perché hai avuto una pessima giornata, digli che non intendevi ferirli e che ti dispiace. E ogni volta che loro feriscono te, comunicagli il dolore che si prova in casi simili. A volte basta un semplice sguardo triste per far capire il dolore a un bambino. Se non lo educhi fin da quando è piccolo, non puoi dargli la colpa perché si ribella e ti provoca del dolore senza provare vergogna e rimorso, pur essendo grande abbastanza da essere responsabile per se stesso.

Ma attenzione: se la vergogna viene utilizzata in modo eccessivo o improprio, provocherà dei danni all'autostima del bambino, alla fiducia in se stesso e all'immagine di sé. *La vergogna va usata con attenzione come strumento per insegnare e non come mezzo per ferire.* Molti genitori cinesi utilizzano la vergogna come insulto al bambino, affinché non commetta più lo stesso errore. Non sanno, però, che se non mostrano rispetto per il bambino quando gli comunicano il messaggio, non fanno altro che umiliarlo e costringerlo a pensare di essere indegno e di non saper fare bene niente. Alla fine i suoi pensieri negativi lo porteranno a essere ciò che crede di essere.

Di nuovo, la chiave è nell'equilibrio tra la troppa vergogna e nessuna vergogna. I genitori di cultura orientale dovranno comprendere gli effetti nefasti dell'indurre, in modo brusco, troppa vergogna in un bambino; quelli di cultura occidentale dovranno invece far sviluppare nei propri figli questa forza che autodisciplina. Devi insegnare a tuo figlio a essere giudice di se stesso. E lo stesso vale per i genitori: occorre che imparino a giudicare ciò che causano ai propri figli.

A nessuno piace provare vergogna; è un sentimento che mette a disagio, se non provoca dolore. In effetti ci vuole più coraggio per i genitori ad ammettere di provare vergogna per ciò che hanno fatto ai figli che a mentire a se stessi sulla propria innocenza. Possiamo dire onestamente che i problemi dei nostri figli non hanno nulla a che fare con noi o che non possiamo fare nient'altro per aiutarli? Sebbene sia arduo per i genitori riconoscere il sentimento della vergogna dentro di loro, vale la pena provare in ogni modo, perché questa è la radice che consentirà al loro coraggio di perseverare. Che cos'è che può darti più forza di cambiare, se non la volontà di liberarti di quel "senso di dolore"?

Perseverare è coraggioso in un genitore. Per coltivare il coraggio della determinazione per raggiungere i tuoi scopi nell'educazione dei figli, è importante studiare e comprendere la seconda radice del coraggio: il riconoscimento dell'obbligo.

Confucio diceva che la relazione genitore-figlio è una delle più importanti tra le cinque relazioni umane: tra re e ministro, genitore e figlio, tra fratelli, marito e moglie, tra amici. Il modo in cui ogni persona svolge il proprio ruolo in queste cinque relazioni è importante per il benessere della società, e questo avrà poi effetto sulla pace e prosperità del Paese.

La virtù di far rispettare l'obbligo nelle relazioni umane è *chung*, ovvero "rispettoso". Tale virtù insegna a una persona il dovere di fare del proprio meglio in ognuna di queste cinque relazioni umane. Probabilmente i genitori che aspirano unicamente alla libertà personale e alle scelte individuali non apprezzeranno la parola "obbligo". Ciò nonostante, ignorare i propri doveri come genitori significa cedere all'egoismo e agli interessi personali a spese di chi è indifeso e dipende da noi.

Confucio scrisse pagine e pagine sul modo in cui obbligare un figlio a servire i propri genitori, una virtù denominata "devozione filiale", ma molto meno sul dovere di un genitore. Credo che ciò sia dovuto al fatto che l'obbligo di un genitore di educare bene un figlio è sempre stato visto come un dovere del tutto naturale in Cina. Per Confucio, l'amore naturale e il dovere tra i membri di una famiglia sono la base della moralità generale e la prima e più importante relazione all'interno della famiglia è proprio quella tra genitore e figlio.

Il dovere di fare del nostro meglio

Il motivo per cui il senso del dovere è così importante nell'educare i propri figli è che determina se hai la volontà o meno di farti coraggio e affrontare i numerosi problemi che incontrerai nell'esperienza di genitore. Considera questi esempi su ciò che significa rispondere a un dovere maggiore dei propri desideri.

Tom è un riservista dell'esercito americano ed è proprietario di un piccolo supermercato in una cittadina dell'Indiana. Quando la moglie gli dice di essere incinta del primo figlio, è davvero felice. Poi gli viene notificata la partenza per l'Iraq al termine di due mesi. Si preoccupa che la moglie incinta non riesca a gestire da sola il lavoro al negozio, mentre lui non ci sarà. Si preoccupa che non potrà vedere nascere il figlio e non potrà aiutare quando sarà nato. Teme anche di non potere vedere mai suo figlio. Ha tutti questi timori e queste preoccupazioni, ma sa che non ha alternative. Decide che è suo dovere servire il Paese, anche se non vorrebbe lasciare la famiglia.

Martha ha lavorato tutta la sera. Finalmente all'una di notte va a letto e si addormenta subito, quando squilla il telefono. È Judy, la sua migliore amica, che ha una voce più esanime di quella mezzo addormentata di Martha.
Il marito di Judy l'ha appena lasciata per un'altra donna e lei avrebbe voglia di uccidersi. Martha è davvero stanca, ma il pianto di Judy la sveglia immediatamente. Sa che potrebbe non essere in se stessa in un momento del genere. Si veste rapidamente, prende la macchina e va a casa dell'amica, all'altro capo della città. Anche se è una notte fredda e sta nevicando e Martha vorrebbe stare nel suo letto caldo e confortevole, non esita neanche un momento perché sa che è suo dovere essere lì per l'amica.

Il senso del dovere verso qualcosa di più grande di noi ci dà il coraggio per fare ciò che non vogliamo fare. È questo che convince Tom a lasciare la famiglia per andare in guerra e che fa alzare dal letto Martha per aiutare l'amica. Ed è lo stesso coraggio di cui hanno bisogno i genitori quando le cose sfuggono di mano con i figli. Se i genitori non sentono di dover prendersi cura e proteggere i figli, è probabile che si voltino dall'altra parte e ignorino i problemi o, addirittura, li lascino nei guai. È solo quando i genitori sentono il proprio dovere verso i figli che si fanno coraggio e cercano di aiutarli.

La virtù del coraggio deve lavorare di concerto con la virtù del *chung* in tutto il viaggio dell'educazione. Avere coraggio ma senza senso del dovere quando le cose si fanno difficili sarà come combattere una battaglia senza lo spirito e la convinzione della causa. Senza l'animo di combattere (e, davvero, a volte, sembra proprio una guerra), è facile gettare al vento tutti i libri su come essere un bravo genitore. Nel mondo di oggi lo spirito combattivo va alimentato nel preservare il *chung*, che aiuta ad attenerci ai nostri doveri verso i figli, nella buona e nella cattiva sorte.

Io sono cambiata molto da quando ho cominciato a integrare queste virtù nella mia esperienza educativa. Ciò nonostante, ci sono ancora delle volte in cui il mio carattere irascibile mi riporta indietro, al genitore poco assennato che ero. È allora che ho bisogno del coraggio di provare vergogna. È un sentimento doloroso, ma è forte a sufficienza per farmi impegnare a fondo ed evitare di ripetere lo stesso errore. Quanto al dovere, per una persona suscettibile e impaziente come me, se non avessi il coraggio di resistere nell'obiettivo di essere una madre migliore, il mio motore si sarebbe fermato già da tempo.

Semplici risposte a domande frequenti

Che cos'è il coraggio?

Il coraggio è la forza interiore di fare ciò che è giusto, malgrado le avversità e le difficoltà.

Perché i genitori hanno bisogno di coraggio?

I genitori hanno bisogno di coraggio per avere la forza di sconfiggere la paura che sentono dentro di loro. Tra i timori più comuni vi sono la paura di cambiare, di perdere il controllo, di lasciarsi andare.

Quando abbiamo bisogno di coraggio?

Abbiamo bisogno di coraggio quando sentiamo la necessità di maggiore forza interiore per scegliere la via giusta, e non quella facile. Ma il coraggio serve anche per impegnarci e persistere, anche quando le cose sono più difficili del previsto.

Come applicare il coraggio all'educazione dei figli?

Ecco un esempio valido. Tua figlia, quindici anni, vorrebbe frequentare un corso estivo di lingua in Francia. Sei preoccupato perché non ha mai viaggiato da sola. Verifica la credibilità e la competenza dell'organizzazione che si occuperà del viaggio, ma abbi anche il coraggio di lasciare che tua figlia allarghi i propri orizzonti. Questa esperienza le sarà d'aiuto per acquisire sicurezza ed essere indipendente. Riconoscile il coraggio di voler esplorare il mondo al di fuori della zona di comodità. Magari starai sveglio per qualche notte quando tua figlia non ci sarà, ma sapere che le hai fornito un'opportunità di apprendimento del genere dovrebbe farti sentire orgoglioso del tuo coraggio.

SECONDA PARTE

I tre ruoli del genitore virtuoso

Dopo aver esaminato le tre virtù universali e le loro caratteristiche, possiamo approfondirne l'uso. Come integrarle effettivamente nel tuo ruolo di genitore? Proprio come la nostra condizione di cittadini del mondo, il ruolo di genitore è così importante che può essere svolto in un solo modo: bene. Si può abbandonare la scuola, lasciare il lavoro, mandare all'aria il proprio matrimonio, ma non si può, o almeno non si dovrebbe, abbandonare il proprio ruolo di genitore.

Qual è esattamente il ruolo di un genitore? Prima di dare per scontato di sapere in cosa consiste, fermiamoci ad analizzarlo. Questo ci aiuterà a coltivare le virtù di cui abbiamo bisogno per rispondere ai nostri doveri educativi. La definizione più semplice del ruolo di genitore è "crescere un figlio". Ma il ruolo in questione si è evoluto nel corso del tempo, passando dall'allevare un figlio in un villaggio a farlo nel mondo complesso di oggi. Con lo sviluppo delle telecomunicazioni e il tramonto del sistema educativo autocratico, tale compito è più complicato che mai. Adesso i genitori hanno bisogno di competenze differenti per dare ai propri figli quella libertà che richiede il nostro clima culturale, mantenendo nello stesso tempo il controllo della loro sicurezza e del loro benessere.

Le tre figure di genitore descritte in questa sezione (il Sovrano, il Maestro e l'Amico) riflettono i ruoli attivi che incarnano ciascuna delle tre virtù. Tali ruoli sono come i tre abiti che un genitore deve indossare, uno per volta, ogni giorno della sua vita di educatore. Di tanto in tanto le singole funzioni vanno scambiate per adattarsi alle differenti situazioni. Ma, ricorda, sebbene il nostro ruolo possa cambiare ogni tanto, l'amore e le virtù di cui disponiamo dovrebbero rimanere costanti e sono necessari quando indossiamo ognuno di questi tre abiti.

Il ruolo del sovrano

Uso il termine sovrano invece di leader o governante perché rappresenta l'autorità assoluta. In tutta l'esperienza dell'educazione sono molte le occasioni nelle quali dobbiamo avere potere assoluto sul comportamento dei nostri figli. Per esempio, quando il bambino piccolo vuole giocare con il fuoco o quando l'adolescente beve e si mette alla guida dell'auto, devi essere assolutamente inflessibile con le regole.

Ciò nonostante, questo non significa che un sovrano può usare l'autorità assoluta a proprio piacimento. In *Da Xue*, *Il grande sapere*, Confucio esponeva i princìpi della scienza morale da applicare alla gestione del governo. Nel testo, il filosofo metteva in evidenza che *un sovrano che si assume la responsabilità di una nazione non si può permettere di essere negligente, perché se non è cauto, devia dal giusto percorso e diviene mediocre ed egocentrico, sarà rovesciato e perderà il suo impero*. Nel nostro caso il giusto percorso parte coltivando la benevolenza. I genitori-sovrani benevoli conquisteranno la fiducia dei propri figli.

Il ruolo del maestro

Nessun genitore può rifiutare il ruolo di maestro nella vita dei figli. Confucio fu onorato per più di duemila anni con i titoli di "Primo maestro" e "Maestro di tutte le stagioni", sia in

Cina che in molte zone del mondo. Per Confucio, i maestri dovrebbero essere rispettosi e saper ispirare. È più importante insegnare a uno studente a pensare che non mostrargli che cosa fare. Essere un maestro saggio è importante quanto insegnare allo studente a essere un allievo saggio. I genitori-maestri saggi conquisteranno il rispetto dei propri figli.

Il ruolo dell'amico

Molti pensano che essere amici dei figli sia il modo più semplice di educarli. Purtroppo però si sbagliano. Un bambino che cresce senza la guida del genitore-sovrano o del genitore-maestro, ma solo con l'affabilità del genitore "cordiale", diventerà un adulto che non sa nulla su come alimentare un buon rapporto con *nessuno*, genitori compresi. Forse potrebbe darci un piacere superficiale agire da amici con i nostri figli, ma non sarà utile né per loro né per noi stessi. Tuttavia, quando il momento è quello giusto, sii preparato a svolgere il ruolo dell'amico, anche se ci vorrà molto coraggio a lasciare andare i figli e a vedere che imparano da soli. I genitori-amici coraggiosi conquisteranno il cuore dei propri figli.

Quando svolgere ciascun ruolo

Svolgere il ruolo sbagliato nel momento sbagliato può essere pericoloso. Malgrado dovremmo tenere sempre le tre virtù universali vicino al cuore, i ruoli del sovrano, del maestro e dell'amico sono i tre ruoli universali che possono essere d'aiuto ai genitori per educare efficacemente nelle situazioni di tutti i giorni. Il modo più semplice per rispondere alla domanda «come faccio a sapere quando indossare i diversi abiti?» è quello di chiedersi: «Cosa voglio ottenere con la mia azione?». *Se la risposta è la disciplina o la salvaguardia di tuo figlio, hai bisogno dell'abito da sovrano. Se la risposta è insegnare e ispirare tuo figlio, hai bisogno di quello da maestro. Se la risposta è essere a disposizione di tuo figlio e fornirgli sostegno e compagnia, dovrai indossare l'abito da amico*. Come regola empirica, più tuo figlio è piccolo, più dovrai assumere il ruolo del sovrano e del maestro; quando cresce, la maggior parte della volte sarà necessario quello dell'amico.

Capitolo quattro

Il sovrano benevolo: governare e amare

Quando si tratta di mantenere e tutelare i nostri figli, essere genitore è più importante che essere un leader o un guardiano. Assumiamo la parte del sovrano quando è necessario proteggere e disciplinare i figli. Qui il nostro ruolo è di avvalerci di qualunque mezzo a disposizione per far capire loro quali sono le regole della vita. Essere sovrani non significa agire con modi tirannici e malvagi; anzi, nei confronti dei nostri figli bisogna essere benevoli: sovrani che governano con il cuore.

Democrazia e autorità benevola

Se un cittadino è in grado di gestire libertà e responsabilità, che abbia pure la libertà; se un cittadino non è pronto a gestire libertà e responsabilità, per prima cosa che venga istruito.

(*Analecta* 8.9)

I sovrani dovrebbero sempre avere la situazione sotto controllo, ma non necessariamente controllare. La democrazia esige l'uguaglianza e il governo del popolo. Confucio riteneva che solo a chi è in grado di gestire la libertà di scegliere si dovrebbe consentire di scegliere per se stesso. In altre parole, chi non ne è capace dovrebbe seguire le regole finché non sia in grado di agire da solo. Un buon sovrano ha la responsabilità di guidare e agire in modo tale che il popolo sia nutrito, protetto e istruito. La norma in questione può anche diventare: «I cittadini sono fatti per seguire la guida, non per comprenderla». Fino a oggi ancora non si è d'accordo su quale definizione racchiuda il vero significato del testo. Tuttavia credo che entrambe le interpretazioni possano essere applicate all'educazione moderna dei figli, con la seconda più adatta ai più piccoli.

Come genitori dobbiamo scegliere il metodo giusto tra implorare e comandare, per far sì che i figli seguano le nostre regole. L'obiettivo costante, però, è che, indipendentemente dal metodo usato, quando un figlio commette, o sta per commettere, un errore, noi vogliamo fargli cambiare idea. Desideriamo che si comporti in modi accettabili per i nostri canoni, sia adesso che in futuro. In altre parole, vogliamo che i nostri figli seguano la nostra guida. Questo richiede però la loro obbedienza. Pertanto la radice dell'"autorità" è in effetti l'obbedienza, più del potere o del controllo, anche se potrebbe non sembrare così in apparenza.

L'obbedienza non è una cosa sbagliata

Per avere l'obbedienza di un figlio ci occorre lo status di autorità. Molti esperti occidentali di educazione non amano l'uso di parole quali "autorità" e "obbedienza", ma il risultato finale è che se intendi guidare a dovere tuo figlio, sarà necessario che obbedisca alla tua autorità. Per ottenere questo effetto in modo efficace, occorre bilanciare autorità e benevolenza. Confucio attribuiva rilevanza alla *via di mezzo*, ovvero all'equilibrio degli estremi. Se sei una figura autorevole benevola che si conquista la fiducia e il rispetto di tuo figlio, l'obbedienza seguirà in modo naturale. Se sei una figura autoritaria e non dai alcun segno di benevolenza, i tuoi figli disdegneranno i tuoi ordini e si ribelleranno. Oggi, dal momento che perfino ai cittadini è consentito mettere in discussione l'autorità del Presidente, a casa l'obbedienza filiale non dovrebbe mai essere portata agli estremi, e i genitori dovrebbero evitare di crescere un figlio che conosca solo la sottomissione senza mai sfidare il potere degli adulti.

Se non sai dire se sei tu la vera autorità in famiglia, è meglio fare rapidamente alcune riflessioni. D'altra parte, se vuoi essere considerato alla pari con i tuoi figli, scoprirai in breve che non sarà mai possibile. E prima che te ne accorga, diventeranno loro l'autorità nella famiglia e cercheranno di avere *la tua* obbedienza. Dai uno sguardo alle famiglie americane moderne e capirai cosa intendo dire e quali siano le conseguenze negative di tale rapporto inadeguato.

Le azioni di un sovrano benevolo

Ma come fa un sovrano ad avere il controllo della situazione senza controllare? La chiave sta in cosa *sente* il popolo quando si sottomette all'autorità. Sente la benevolenza o la potenza? Il governo della benevolenza si avvale di amore e umanità, mentre il governo della potenza utilizza la forza e la violenza, che a volte vengono presentate al popolo come benevolenza superficiale. Ogni giorno vi sono migliaia di bambini maltrattati in nome dell'amore, perché non è semplice per i genitori ammettere di ferire i propri figli solo perché hanno avuto una giornata storta oppure non avevano altri modi per insegnare loro la disciplina. Quando un sovrano finge di usare la benevolenza mentre in realtà sta usando la forza per soggiogare i propri sudditi, nell'intimo il popolo non si sottomette in modo genuino al governo; piuttosto, si sottomette solo in superficie perché non ha forza a sufficienza per resistere. D'altronde, se un sovrano virtuoso attua la benevolenza, i suoi sudditi si sottometteranno con il cuore al governo. Quando svolgiamo il ruolo del sovrano con i nostri figli, pertanto, è importante essere in grado di conquistarne il cuore, perché se perdiamo il loro cuore, saranno risentiti fino al punto della ribellione aperta.

Comprensione

Essere un sovrano è difficile, ma anche essere un suddito non è facile.

(*Analecta* 13.15)

Confucio riteneva importante comprendere i problemi che si trovano ad affrontare i sudditi per poter avere successo con il proprio governo. È sempre facile essere il giudice quando si devono solo ascoltare le versioni della difesa e dell'accusa. Ma non sarà mai un processo equo. Lo stesso vale per il tuo regno a casa. Se un figlio ti sottopone un certo caso e tu sei l'unico a dover prendere la decisione, occorrerà sospendere il tuo governo finché non avrai accertato la verità da tutti i punti di vista. Vediamo un esempio.

Robyn odia la scuola media che frequenta, perché le compagne le parlano sempre alle spalle e si coalizzano contro di lei. La prendono in giro per il peso e la insultano dicendole che i grassi sono dei perdenti.
Robyn ha provato a parlarne alla madre, Tammy, ma anche lei è sovrappeso e il modo immaturo che ha Robyn di spiegare la situazione mette la madre sulla difensiva per la propria obesità.
Tammy finisce spesso per accusare la figlia di essere troppo sensibile e di preoccuparsi in modo eccessivo per ciò che la gente dice di lei. Quando Robyn comincia a ridurre drasticamente l'assunzione di cibo, Tammy si rende conto che è ora di indossare il suo abito da sovrano e fermare ciò che sembra l'inizio di un disturbo dell'alimentazione.

Innanzitutto una madre-sovrano dovrà comprendere che bisogna essere un cuscino e non un muro per una figlia che si trovi in una situazione del genere. Come possiamo vedere, Robyn ha già avuto a che fare con troppi muri a scuola, che la stanno schiacciando. Secondo, Tammy deve capire il dolore che Robyn sta provando e che quest'ultima non intendeva affatto offendere la mamma. Terzo, deve accettare che Robyn è troppo giovane per riconoscere la differenza tra il pettegolezzo malevolo e la verità. Quanto a Robyn, dovrà capire che quello che hanno detto le sue amiche sulle persone grasse non è vero. Come madre, Tammy deve annullare il valore di quelle offese raccontando a Robyn di persone che, pure in sovrappeso, hanno successo e si sono realizzate nella vita. Infine, ma non meno importante, una madre-sovrano deve riconoscere le preoccupazioni della figlia e rivolgersi a un professionista affinché possa perdere peso in modo sano e assennato. E magari potrebbe anche essere un'opportunità per partecipare tutte e due insieme a un programma di dimagrimento.

La maldicenza è un problema notevole nel periodo della scuola media, ma anche più avanti, e soprattutto tra ragazze, le quali possono essere molto cattive l'una con l'altra. Se i genitori e le autorità scolastiche sono preoccupati unicamente dei problemi d'ordine accademico che si trova ad affrontare un ragazzo in classe, questi si sentirà perso e indifeso se le difficoltà a scuola toccheranno i rapporti umani.

I ragazzi sono giovani e il loro senso del tempo è differente; ecco perché in generale vogliono dei risultati rapidi. Non hanno sviluppato la maturità di pensare alle conseguenze di alcune loro azioni. Come sovrano, devi essere lì accanto per evitare che facciano errori sciocchi. I disturbi dell'alimentazione, mentire sul passato della propria famiglia, reagire fisicamente o addirittura vendicarsi con la violenza, sono tutti "metodi" con i quali gli adolescenti credono di poter fermare gli scherni dei compagni, ai quali non è mai stata insegnata la benevolenza né a scuola né a casa. Da buon genitore-sovrano, devi essere all'erta e governare con benevolenza, affinché tu possa prendere parte alla pianificazione della loro strategia, nel momento in cui si trovano in situazioni complesse.

Essere un buon modello di comportamento

Se i sovrani sono giusti nella loro condotta, i sudditi ne seguiranno l'esempio senza bisogno di comando. Ma se essi non sono giusti, anche quando comandano gli altri non obbediranno.

(*Analecta* 13.6)

Confucio riteneva che il comportamento di un sovrano fosse più autorevole delle norme da lui stabilite. Anche se molti ragazzi non considerano i propri genitori come modelli di comportamento, l'influenza di un genitore su un figlio è immensa. Vediamo un esempio.

Paul non riesce a far sì che sua figlia Katrina, di dodici anni, sia gentile con il fratello di cinque anni. Katrina è una ragazza educata. Di solito è gentile e mite, ma, chissà perché, non lo è mai con il fratello più piccolo.
Anzi, con lui è cattiva e a volte lo picchia. Paul ha sempre pensato che le sorelle maggiori dovrebbero amare e prendersi cura dei fratelli più piccoli.
Ha provato a usare la punizione per fermare il comportamento di Katrina, ma, a quanto sembra, non ha funzionato. Alla fine Paul decide di parlare con lei. Spera di poter apprendere qualcosa sull'origine dell'ostilità verso il fratello. Katrina ammette di sentirsi una sorella cattiva, ma non crede che la causa possa essere la gelosia o la rivalità tra fratelli. Non pensa di provare avversione per il fratello, ma solo che sia giusto essere autoritaria con lui. E poi non capisce cosa vi sia di sbagliato nel suo com-

portamento, perché anche il padre è sempre sgarbato e brusco con il proprio fratello più giovane, che abita solo a pochi isolati di distanza da loro. Katrina credeva che quello fosse il modo in cui i fratelli si comportano l'uno con l'altro. E quanto ad aver picchiato il fratello, è lo stesso metodo usato dai suoi genitori per educarla.

A Paul era sfuggito che, a prescindere dai suoi tentativi di insegnare a Katrina come essere una brava sorella, ciò che lei osserva nel comportamento del padre, sia con il fratello sia nel modo in cui la tratta, è più significativo di qualunque cosa che lui le abbia raccomandato di fare.

I bambini imparano dagli esempi. Se vuoi che siano ben educati, laboriosi, onesti, responsabili e indulgenti, anche tu dovrai essere educato, onesto, responsabile e indulgente. Dovrai moderare il linguaggio oppure pensare a una risposta molto valida quando tuo figlio ti chiederà: «Ma perché tu lo puoi fare e io no?». Se Paul vuole che Katrina tratti bene il fratello, è ora di indossare l'abito da sovrano e dimostrare benevolenza, mettendola in pratica lui stesso.

OTTENERE LA FIDUCIA, NON LA PAURA

Una persona benevola dovrà solo chiedere al proprio suddito di lavorare sodo, una volta che ne ha conquistato la fiducia. Senza fiducia il popolo penserà infatti di essere trattato male.

(*Analecta* 19.10)

Nell'indossare l'abito del sovrano, è facile che ai tuoi figli sembri che li domini, li controlli e che tu sia illogico. Questo perché il tuo lavoro è quello di stabilire delle regole che possano aiutarli ad avere una vita sana, sicura e secondo princìpi morali. Purtroppo si tratta di un qualcosa che di solito non attrae i figli. Devi comprendere che, di fatto, imponi delle cose che a loro non piacciono. Come genitore-sovrano, vorrai conquistare la fiducia e l'obbedienza di tuo figlio provandogli che gli vuoi bene e che stai facendo ciò che è giusto per il suo benessere. Non perché sei un despota o sei arrabbiato, ma perché sai ciò che è meglio per tuo figlio.

Un bambino di due anni preferirà senza dubbio i dolci al cibo sano; una ragazza di quattordici preferirà guardare la televisione che studiare chimica; un figlio di undici anni porterà fuori l'immondizia o svolgerà altre faccende solo quando avrà voglia di dare una mano in casa, non necessariamente quando glielo dici tu; infine una bambina di tre anni darà dei calci a chiunque tenti di giocare con il suo giocattolo preferito. È importante insegnare ai tuoi figli che queste cose non sono accettabili: per una determinata ragione.

Innalza gli onesti e ponili al di sopra dei disonesti,
tua sarà l'obbedienza del popolo.

(*Analecta* 2.19)

Questo seme di fiducia e obbedienza dovrà essere piantato nel cuore di tuo figlio fin dal primo stadio della tua esperienza di genitore. Prima pianti il seme, più facile sarà da coltivare. La fiducia non può essere insegnata a un figlio, deve essere conquistata. E per conquistare la fiducia, è importante essere retti, onesti e giusti quando si dice ai nostri figli cosa è giusto e cosa è sbagliato, anche quando sono ancora molto piccoli. E una volta conquistata la fiducia, ricorda che non è eterna, e che è importante evitare comportamenti che faranno perdere a tuo figlio la stima che ha di te.

I CINQUE PORTENTI DI UN SOVRANO BENEVOLO

I cinque portenti nel governare sono:

1. *Sii generoso nel fare del bene ai tuoi sudditi, ma non eccedere*

2. *Fa' che i tuoi sudditi siano industriosi, ma non incorrere nella malevolenza*
3. *Desidera la benevolenza, non il potere*
4. *Sii equilibrato, non arrogante*
5. *Sii dignitoso, non crudele*

Il ruolo del sovrano è forse il più difficile da svolgere come genitori. Per essere un sovrano benevolo devi saper impedire che tuo figlio si faccia male con qualcosa che gli piace, e fargli fare ciò che è buono per lui, anche se non dovesse necessariamente apprezzarlo. Questo vuol dire che le regole di un genitore-sovrano andranno selezionate attentamente e tu dovrai attenerti a quelle stesse regole, anche quando ti metteranno in imbarazzo in pubblico o provocheranno del risentimento a casa.

Un sovrano benevolo avrà bisogno della virtù della benevolenza per stabilire le regole; della virtù della saggezza per sapere se c'è qualcosa di sbagliato in quelle regole; e della virtù del coraggio per attuare le regole anche quando sono difficili da far rispettare.

Confucio delineò cinque "portenti" per governare con benevolenza. Prova a seguire queste linee guida quando svolgi il ruolo del sovrano benevolo.

1. Generoso

Sii generoso con il tuo tempo e la tua attenzione e cerca di scoprire cos'è che giova di più ai tuoi figli, in termini di crescita fisica, emotiva e intellettuale. Condurli nella giusta direzione è il regalo migliore che puoi far loro. Eccedere con regali materiali non farà che comperarne l'acquiescenza superficiale e si rivelerà dannoso per il loro benessere.

Spesso sentiamo persone che si lamentano di non avere tempo a sufficienza per i figli. E danno motivazioni quali: il lavoro che porta via gran parte della giornata, le faccende domestiche, attività sociali o qualunque altro impegno che pensano abbia bisogno della loro attenzione più dei figli. E per loro, soprattutto per i bambini, non c'è davvero regalo migliore, da parte dei genitori, di tempo e attenzione. Molti genitori lavorano duramente perché la famiglia possa vivere meglio, ma che cosa può dare a un bambino una casa grande e bella, se ci si sente solo dentro? In effetti che cosa può darci una casa grande e bella se a malapena conosciamo i bambini che ci abitano insieme a noi? Case spaziose e macchine di lusso sono tutte cose che possono andare e venire. Il desiderio di un bambino di essere amato da te, invece, non tornerà più quando vi rinuncerà. Pensa un momento: che cos'è che ti sta allontanando dai tuoi figli? Questi impegni sono davvero più importanti dell'amore di tuo figlio? Sii generoso con il tempo e l'amore, e i tuoi figli saranno altrettanto generosi.

2. Fai impegnare i tuoi figli

È importante far sì che i figli si guadagnino le cose che vogliono ottenere. Alcuni genitori hanno timore di far impegnare i propri figli perché temono che poi per questi possano detestarli. Scopri i loro interessi e falli impegnare in base a ciò che desiderano. In tal modo, anche se dovranno faticare, non mancheranno di buona volontà.

Impegnandosi a fondo, impareranno a tenere in gran conto ciò per cui hanno dovuto lottare. In qualità di genitore-sovrano, dovresti incoraggiare i tuoi figli a mirare molto in alto. Dai loro l'opportunità di sviluppare nuovi interessi nello sport, nella musica, nell'arte o in qualunque altra attività. Spesso i figli non sanno quali siano i propri interessi o inclinazioni, soprattutto da piccoli, e di solito sono restii a sperimentare cose nuove. Un genitore-sovrano dovrebbe dare loro una spinta, ma senza mai esigere dei risultati con la forza.

3. Benevolenza contro forza

I genitori-sovrani in grado di infondere la benevolenza si sentiranno soddisfatti e arricchiti. I genitori che desiderano esercitare il mero potere diventeranno dei controllori sempre insoddisfatti.

Un genitore-sovrano che desidera il potere finirà inevitabilmente per cadere in una lotta di predominio con i figli. Quando questi ultimi diventeranno grandi, il genitore scoprirà che la sua forza sta perdendo potere. Magari cercherà di mantenere la situazione sotto controllo intensificando la forza da applicare. Il risultato può essere disastroso. La benevolenza, d'altra parte, consente a un genitore di rimanere lontano dalle lotte di potere. Quando c'è un conflitto, un sovrano benevolo deve essere in grado di vedere il quadro d'insieme da tutti i punti di vista. Allora il desiderio provato sarà quello di amare il figlio e di migliorargli la vita, invece di rendere se stesso più potente.

4. Equilibrato, non arrogante

È necessario provare a tuo figlio che sei sicuro di te ed equilibrato. Ma devi altresì fargli sapere che, malgrado tu sia l'autorità, non sei arrogante e che non lo sminuirai. L'arroganza non farà altro che allontanare tuo figlio da te.

Al contrario, essere un genitore-sovrano equilibrato e sicuro di sé è un bene e ti farà guadagnare il rispetto dei tuoi figli. Tuttavia, esiste una linea sottile tra sembrare risoluto e apparire arrogante. Se diamo sempre l'impressione di "sapere tutto" e che i nostri figli non sanno niente, si sentiranno intimiditi e rifiuteranno la nostra guida.

A volte, per esempio, dimentichiamo quanto possiamo sembrare "grandi" agli occhi dei bambini: in effetti devono alzare lo sguardo per guardarci in faccia. E anche quando sono alti quanto noi, o più alti, ci vedono ancora come più su in una metaforica scala gerarchica. In altre parole, i figli si sentono inferiori a noi anche se non lo sembrano. Un genitore-sovrano, quindi, non dovrebbe mai dimenticare di considerare l'impressione che può fare agli occhi del figlio.

5. Dignitoso, non crudele

Il genitore-sovrano non dovrebbe spaventare i figli evocando per esempio la matrigna di Biancaneve o il conte Dracula. I genitori devono guadagnarsi il rispetto dei figli dando prova di essere dignitosi e rispettosi. È l'unico modo per far sì che ti guardino con ammirazione e rispettino la tua autorità.

A prescindere dal rapporto amichevole che possiamo avere con loro, dovremmo sempre essere una figura che rispettano. L'immagine del genitore-sovrano nella testa dei figli deve essere quella di una persona dignitosa e meritevole di rispetto ma, allo stesso tempo, di qualcuno con cui è piacevole stare insieme.

Se invece ti percepiscono come crudele e instabile, non sapranno mai quando è il momento giusto per avvicinarsi. Il fattore paura li dissuaderà dal venirti vicino, fisicamente e mentalmente, e saranno riluttanti a comunicare e cercare aiuto da te. In quanto persona, ti vedranno come un prepotente, in quanto genitore, come un tiranno.

Governare come il vento e l'erba

Quando Ji Kang Zi consultò Confucio sul governo, gli chiese: «Che impressione farebbe giustiziare i fomentatori affinché ci sia ordine?», Confucio disse: «Perché mai cercare di uccidere nel governare? Se miri alla bontà, le masse saranno buone. La virtù del capo nobile è come il vento e quella dei sudditi è come l'erba. L'erba si piega quando il vento la sovrasta».

(*Analecta* 12.19)

"Vento" qui indica una tendenza o un movimento che può influenzare il comportamento dei sudditi. Secondo Confucio, la virtù di un sovrano può essere potente come il vento; se questo soffia, i sudditi "si piegheranno" e seguiranno la stessa direzione. Allora la virtù diventerà la cultura popolare che cambierà il modo in cui il tuo suddito pensa e si comporta. Quindi la punizione non sarà necessaria, perché il popolo agirà in modo adeguato, non per la paura della pena ma perché avrà imparato ciò che è giusto e ciò che è sbagliato. Se si governa con la virtù, i sudditi comprenderanno la virtù. Vediamo questo esempio.

Anthony rimane esterrefatto quando riceve la telefonata del preside della scuola della figlia, il quale lo informa che Maggie, dodici anni, è stata vista copiare durante il compito di biologia. Anthony sa che Maggie intendeva avere un buon rendimento a scuola, ma che cos'è che le ha indotto questo accanimento nello studio, a rischio di una sospensione disciplinare? Maggie sembra nervosa e impaurita quando i genitori le chiedono spiegazioni sul compito. La ragazza risponde che non è stata l'unica a copiare e che ha solo avuto la sfortuna di essere scoperta. Aggiunge che lei e il suo gruppo di amici avevano pianificato da settimane come copiare il compito. Molti di loro avevano passato più tempo a programmare le tattiche giuste che a studiare. Avendo appreso l'ascolto attivo,

Anthony e la moglie riescono a fare un buon lavoro ottenendo più informazioni possibili da Maggie. Quando le domandano: «Che bisogno c'era di copiare?», Maggie guarda i genitori e dice lentamente: «E perché no? Anche tutti i genitori imbrogliano in un modo o nell'altro». Poi comincia a raccontare che cosa fanno i genitori dei suoi amici: si ingannano a vicenda, imbrogliano al lavoro, mentono sulle tasse o dicono bugie per ottenere ciò che vogliono. Ma fa molti altri esempi di modi in cui gli adulti imbrogliano. Quando le chiedono se abbia mai visto i propri genitori ingannare gli altri, Maggie risponde: «Non avete mentito l'altro giorno al ristorante, quando vi hanno portato il conto sbagliato e avete pagato quello e non il vostro? E non eravate contenti di aver risparmiato più di 30 dollari?».

I valori morali non possono essere insegnati solo a parole. I genitori dovranno dare prova di valori positivi come il vento, affinché i figli si pieghino naturalmente, senza resistenza.

Nella scrittura cinese "tendenza" consiste di due parole, "vento" e "aria". Entrambi i termini indicano qualcosa che non è visibile e che, tuttavia, è molto influente nella nostra vita quotidiana. In una famiglia i genitori equivalgono a quelle persone che impongono le mode nella società, e ce ne vorranno molti affinché la vita virtuosa diventi una tendenza diffusa che abbia un certo impatto sul mondo intero, come il vento ha il suo impatto sull'erba.

In tutto questo capitolo abbiamo sottolineato l'importanza di essere sovrani benevoli nella vita dei nostri figli. Malgrado la benevolenza sia importante anche negli altri due ruoli, che esamineremo nei prossimi due capitoli, è essenziale che il genitore-sovrano comprenda il potere nascosto della benevolenza in un mondo dove il potere è sempre identificato con violenza e forza. Purtroppo, però, violenza e forza determineranno sempre resistenza e vendetta nel cuore di ogni essere umano.

Semplici risposte a domande frequenti

Che cos'è un genitore-sovrano?

Un genitore-sovrano è colui che governa il figlio, affinché questi non subisca danni. Tale ruolo esige obbedienza assoluta da parte del figlio che, per la sua immaturità, non è ancora in grado di prendere la decisione giusta da solo.

Perché i genitori-sovrani hanno bisogno di essere benevoli?

Un sovrano è una persona di autorità: se non è benevolo, i figli non percepiranno l'amore che si cela dietro alla regola ma, al contrario, sentiranno la repressione, che odiano. Un sovrano benevolo governa con la fiducia e non con la forza.

Quando abbiamo bisogno di svolgere il ruolo del sovrano come genitori?

Il nostro abito da sovrano va indossato quando abbiamo bisogno di avere il controllo della situazione e di proteggere i nostri figli dal male. Dovremmo giocare questo ruolo con discrezione, giacché non è saggio eccedere con l'autorità del genitore-sovrano. I genitori che svolgono il ruolo di sovrani a tempo pieno cresceranno dei figli sottomessi o ribelli.

Come dovrebbe governare un genitore-sovrano?

Vediamo questo esempio: se il medico ti dice che i peluche e i giocattoli di stoffa sono pericolosi per la salute di tua figlia perché ha l'asma, sai che lei combatterà comunque per tenere la sua collezione di pupazzi. E considerati fortunato se non ha un animale vero con la pelliccia!

Un genitore-sovrano dovrà essere fermo e governare contro la volontà del figlio, quando questi è troppo giovane, per scorgere il significato dei rischi per la salute che implicano i suoi giochi. È penoso vedere le lacrime di una bambina triste quando dobbiamo toglierle i suoi giocattoli preferiti, ma cerca di essere gentile e cortese e di spiegarle che ti fa male vederla soffrire di asma e che tu devi fare tutto il possibile per proteggerla dalla malattia. Metti tutti i suoi pupazzi di stoffa in un bel contenitore, non gettarli via e dille che può vederli quando vuole e che le verranno restituiti in futuro. Un sovrano benevolo deve governare sempre in modo risoluto ma gentile.

Capitolo cinque

Il maestro saggio: insegnare e ispirare

Mentre il ruolo del sovrano implica l'impegno per conquistare la *fiducia* dei tuoi figli, la posizione del maestro prevede che miri a guadagnarti il loro *rispetto*. Si tratta del ruolo più comune nell'educazione dei figli, che si comincia a svolgere quasi immediatamente quando si diventa genitori. Per prima cosa, in realtà, insegniamo al neonato ad amare, prendendolo in braccio e facendolo sentire benvoluto e sicuro. Poi a camminare, a parlare e a comportarsi bene. Tutte queste lezioni sono molto importanti nello sviluppo di un bambino, ma in breve scopriamo che ciò che insegniamo ai nostri figli fa presa solo se sappiamo trasmettere il messaggio in modo tale da essere ricevuto dall'altra parte. Da più di duemila anni Confucio viene riverito con il titolo di "Maestro dei Maestri". Pertanto possiamo imparare molto sull'insegnamento studiando il modo in cui si rivolgeva ai propri studenti e ciò che diceva sulle qualità del buon maestro.

PAROLE O NO

Esprimersi è solo una questione
di far capire qual è il punto.

(*Analecta* 15.41)

Si tratta di un principio molto importante da ricordare quando indossiamo l'abito da maestro. I figli sembrano avere un radar in grado di individuare l'arrivo di una ramanzina. Ora, se sono a scuola, non possono fare altro che ascoltare, anche se hanno ancora la possibilità di sognare a occhi aperti o perfino di addormentarsi. Ma una volta usciti dall'aula, è probabile che ci dobbiamo impegnare a fondo per avere la loro attenzione.

Ogni volta che indossi l'abito da maestro, immagina di essere il produttore di una pubblicità per la TV. Hai un minuto per parlare e devi arrivare al punto rapidamente. Immagina invece che tuo figlio abbia in mano il telecomando con il dito sul pulsante per cambiare canale. Non dimenticare che tu hai il diritto di insegnare, ma lui ha anche la facoltà di bloccare i tuoi messaggi. *Le parole di un maestro devono essere semplici, chiare e dirette, affinché il messaggio sia trasmesso in modo efficace e distinto.* Molti bambini mandano dei segnali chiari ai genitori quando il messaggio è troppo lungo o ripetitivo. Espressioni quali «va bene, va bene» o «me lo hai già detto» di solito stanno a significare che è tempo di cambiare canale. Quando ti senti rispondere da tuo figlio che ha capito ciò che vuoi dire, fermati. Se è d'accordo con te, ascoltare il messaggio una volta è sufficiente, altrimenti ripeterlo altre volte è del tutto inutile.

Dagli la possibilità di dirti ciò che deve dire... e ascolta attentamente. Un buon maestro non si limita a insegnare, ma deve anche ascoltare e prendere in considerazione il punto di vista dello studente.

Il momento per parlare a tuo figlio è altrettanto importante. Non andargli a parlare mentre sta guardando la televisione, usando il computer o ascoltando della musica. Parlare a tuo figlio richiede concentrazione da entrambe le parti perché, si spera, è un momento in cui tutti e due ascolterete con attenzione e penserete a ciò che viene detto.

INSEGNA CON LE TUE AZIONI

Confucio disse: «Credo di aver detto abbastanza».
Zi Gong chiese: «Se il Maestro non parla, che cosa impareranno e dibatteranno gli studenti?».
Confucio disse: «Che cosa ha detto il cielo? Le stagioni vanno e vengono, e tutto cresce e poi scompare, ma che cosa ha detto il cielo?».

(*Analecta* 17.19)

Molti di noi non sono consapevoli del fatto che l'arte di insegnare non si basa sulle parole che diciamo, ma sul nostro comportamento, sulla moralità. I nostri figli apprendono molto già stando con noi. Anche prima che il bambino capisca una sola parola, il tuo contatto, i tuoi sorrisi, la tua espressione di disapprovazione gli parlano. Quando cresce, poi, comincia a imitarti senza istruzioni. Di fatto puoi imparare molto sulle tue stesse espressioni del viso o i gesti del corpo guardando il tuo bambino. Di solito ai figli non piace fare ciò che dici loro, come «chiudi la bocca quando mangi» o «metti la mano davanti al naso quando starnutisci». Ma saranno i primi a imitare le cose che fai anche senza che te ne renda conto: per esempio, aggrottare le sopracciglia, mangiarti le unghie, scrollare le spalle, fare tutto in fretta.

Anche il modo in cui parli o tratti gli altri sarà d'insegnamento a tuo figlio giorno dopo giorno. In effetti i genitori indossano l'abito da insegnante *di continuo*. Questo magari può spaventare qualcuno, ma ciò che non ti piace in tuo figlio potrebbe essere dovuto al fatto che è stato un tuo bravo allievo. Gli studenti imparano dall'insegnante a lezione, ma dal genitore-maestro ventiquattro ore al giorno. Così, se c'è qualcosa di te che non ami vedere in tuo figlio, l'unico modo che hai di intervenire è cambiare prima il difetto in te stesso. Un genitore sempre in ritardo non si può aspettare che il figlio sia puntuale e consapevole del tempo. Un padre che picchia la moglie e i figli non può pretendere che questi siano gentili e premurosi con gli altri.

Non discriminare

Insegno a tutti senza discriminazione.
(*Analecta* 15.39)

Confucio fu il primo maestro in Cina a promuovere l'istruzione "senza discriminare"; riteneva infatti che dovesse essere accessibile a tutti, non solo ai ricchi e ai privilegiati. A suo giudizio, erano le nozioni a qualificare una persona, non i soldi o l'aristocrazia ereditaria. Se si attribuisce tale rilievo all'istruzione, la qualità del maestro diviene ancora più importante.

Per essere un buon maestro, devi comprendere le differenze tra gli allievi e accettarle, anche se non sono esattamente ciò che vorresti. Come genitore-maestro potresti scoprire delle cose in tuo figlio che non soddisfano le tue aspettative. Questo diventa ulteriormente complicato se hai più di un figlio, perché, consciamente o inconsciamente, comincerai a confrontarli, proprio come faresti con degli studenti a lezione. Uno dei tuoi figli, ad esempio, potrebbe essere molto portato nello studio e farsi strada senza problemi nelle scuole più importanti; l'altro, invece, potrebbe trovarsi a dover faticare a scuola. Un buon genitore-maestro saprà vedere che il talento di un figlio non ha nulla a che vedere con l'essere un bravo figlio. A figli differenti va insegnato in modo differente. Se fatto adeguatamente, si riveleranno dei bravi figli che riusciranno ognuno a modo proprio.

Potresti scoprire anche che i tuoi figli hanno caratteri completamente differenti. Uno potrebbe essere cordiale e bonario, l'altro suscettibile e aggressivo. Ma ciò non significa che uno è meglio dell'altro. Da maestro saggio, dovrai aiutare ognuno dei due a sviluppare i propri punti di forza e a migliorare le proprie debolezze. Stimola il figlio cordiale a essere più intraprendente e competitivo, e cerca di calmare quello aggressivo affinché trovi la tranquillità e la pace nella vita.

CERCA DI AVERE IL GIUSTO APPROCCIO

Come descritto da uno degli studenti di Confucio, «il Maestro era sempre mite ma risoluto, autorevole ma non brusco, dignitoso ma calmo».

(*Analecta* 7.38)

Come abbiamo visto in precedenza, *il modo* in cui insegni è importante (se non di più) quanto *ciò* che insegni. Per molti genitori essere moderati e calmi è naturale. Per il resto di noi, invece, può essere difficile come camminare sui talloni. La chiave del successo sta nel conoscere l'urgenza e l'importanza della situazione, in questo caso la necessità di educare con il giusto approccio. Se lo facciamo solo perché lo dice qualche libro, probabilmente non persisteremo. Ma se ci rendiamo conto che è in gioco il benessere di un figlio, allora sono sicura che cercheremo di fare del nostro meglio. Il fatto è che imparare a comportarci in modo differente da come siamo abituati non è impossibile, però è fondamentale vedere l'urgenza e l'importanza di farlo. Insegnare a tuo figlio è urgente e importante: hai solo pochi anni per svolgere questo compito. Ma la maggior parte dei genitori non riesce a rendersene conto finché gli allievi, che fino a quel momento sono stati tranquillamente seduti, all'improvviso se ne vanno, e molti non tornano più.

Mite ma risoluto

I figli hanno bisogno di genitori che siano insegnanti, ma odiano la sensazione di essere rimproverati, soprattutto quando hanno raggiunto un certo livello di maturità. Di solito non respingono ciò che vuoi insegnare loro: quello che respingono è come insegni. Se hai avuto l'esperienza di conoscere insegnanti sia buoni che cattivi, sai cosa voglio dire. Il segreto per insegnare degli argomenti seri ai tuoi figli sta nel trovare la giusta combinazione di gentilezza e fermezza. Occorre essere risoluti affinché capiscano che la lezione è importante, ma cordiali per non suscitare il rifiuto. Vediamo questi due modi di rispondere alla stessa situazione.

Tom scopre che suo figlio, di quattro anni, usa parole volgari a casa.
È stupito che un bambino così piccolo usi espressioni che probabilmente neanche capisce. Così dice al figlio: «È sbagliato dire le parolacce perché è fuori luogo e da maleducati. Feriscono i sentimenti degli altri, che poi non ti rispettano più». Quando il figlio sembra capire, Tom continua: «Ricorda, anche se la gente intorno a noi usa le parolacce, noi non dobbiamo mai seguire il loro cattivo esempio perché siamo educati e sensibili. Non voglio sentirtele dire più».
Jonathan ha lo stesso problema con il figlio. Ma invece di insegnargli perché è sbagliato usare parole volgari, comincia ad attaccarlo gridando: «Odio sentire un bambino che dice parolacce. Sei davvero stupido. Non sei capace di usare altre parole? Non voglio mai più sentire una sola parolaccia uscire dalla tua bocca: hai capito?».

Senti la differenza di tono e di sensazione delle due risposte? Capisci quanto sia importante il modo in cui enunci il tuo insegnamento? Lo stesso messaggio, infatti, può essere trasmesso ai nostri figli in molte forme differenti. Possiamo fare come Tom ed esporre semplicemente il fatto che il bambino ha sbagliato, spiegargli perché e cosa deve fare per correggere l'errore. *Il fine ultimo del maestro saggio è di cor-*

reggere l'errore del bambino, non di umiliarlo. Con la gentilezza trasmettiamo a nostro figlio la sensazione che gli vogliamo ancora bene, cosa che invece avrà difficoltà a sentire se gridiamo; mentre con la fermezza diciamo al bambino che, anche se lo amiamo, uno sbaglio è comunque uno sbaglio e quindi dobbiamo accertarci che non lo ripeta più. Possiamo anche scegliere di comunicare il messaggio come Jonathan, in modo severo e ipercritico. Ma un maestro che dà allo studente la sensazione di volerlo mettere in ridicolo, più di quanto non giustifichi il suo comportamento, lo metterà sulla difensiva e provocherà la sua rabbia. Può essere un invito a una lotta di potere. Uno studente irritato con il maestro non imparerà mai da lui. Se abbiamo la sensazione di poter reagire come Jonathan, occorre fare una pausa. Questo può servire magari per scrivere ciò che vuoi dire ed eventualmente riscriverlo, se necessario, finché non sei convinto che comunicherai il messaggio giusto in una forma che tuo figlio sarà in grado di ascoltare.

Autorevole, ma non brusco

Essere al comando significa far sì che i tuoi figli prestino attenzione a ciò che devi dire, senza costringerli, ma dimostrando di essere l'autorità in materia. Non confondere questo con l'autorità del sovrano, che agisce per ottenere il rispetto del ragazzo. I genitori-maestri dovrebbero sempre incoraggiare i propri studenti a partecipare a ogni decisione da prendere e quindi a imparare da soli. Nell'insegnamento lavoriamo per ispirare e guidare, dando ai figli l'ultima parola nelle loro decisioni, purché questa sia adeguata all'età e loro siano in grado di pagare il prezzo delle decisioni sbagliate.

Ad esempio, vuoi insegnare a tua figlia che assumere il calcio è essenziale prima dei ventitré anni, cosa che tu hai appreso solo recentemente. Vorresti averlo saputo da adolescente, così adesso non ti saresti dovuta preoccupare dell'osteoporosi. Malgrado tu possa essere l'autorità in materia nel momento in cui le insegni, devi considerare che si tratta del suo corpo e che ha anche il diritto di rifiutare il tuo consiglio. Puoi imporre ai tuoi figli di prendere vitamine o integratori alimentari fino a quando sono piccoli, diciamo sotto i quindici anni, secondo quanto sono indipendenti. Ma costringere tua figlia a bere un bicchiere di latte o a ingoiare un integratore di calcio ogni giorno è un approccio piuttosto duro e farà in modo che la ragazza presti attenzione più alla tua imposizione che non al pericolo dell'osteoporosi. Completamente diverso è il caso in cui a tuo figlio piace sporgere la testa o la mano dal finestrino dell'auto. Qui devi indossare l'abito da sovrano per proteggerlo.

Quando un maestro è autorevole, fa scaturire il rispetto in quanto autorità o esperto in una certa materia e lo studente lo guarda con ammirazione e vuole imparare da lui. La durezza eccessiva non produrrà mai lo stesso risultato. Essere bruschi vuol dire costringere un allievo a prestare attenzione al tuo insegnamento, anche quando non intende imparare da te. Quando tuo figlio non vuole apprendere da te, è più importante scoprire perché rifiuta il messaggio, che costringerlo ad ascoltare.

Dignitoso e calmo

È difficile rispettare qualcuno che non ammiriamo, ed è difficile guardare qualcuno con ammirazione solo perché è un'autorità o ha un certo status sociale. Insegnanti celebri come Gesù, Buddha, Confucio, Gandhi e molti altri, sono tutte figure che verranno ricordate a lungo per ciò che hanno fatto per il bene del mondo. Tuttavia sono state anche persone con un comportamento dignitoso e sereno nel perseguire il loro obiettivo di vita. È difficile rispettare qualcuno che appare volgare e nervoso, malgrado possa essere un individuo degno di stima.

Poiché dovrai mettere il tuo abito da maestro quasi sempre durante l'esperienza di genitore, è importante che ti mostri dignitoso e calmo per la maggior parte del tempo. I tuoi figli ti rispetteranno per il tuo sapere e carisma e, in questo, saranno influenzati da ciò che insegni loro. Se sembrerai quasi sempre un maestro mediocre e irragionevole, tale immagine allontanerà i tuoi figli da te, fisicamente e mentalmente.

Il modo migliore per rimanere calmi e dignitosi anche in presenza di una situazione difficile è di "vederti" quando sei sotto pressione insieme coi figli. In che modo? Prova a guardarti allo specchio o a riprenderti con una videocamera. Se non vedi un maestro calmo e dignitoso allo specchio o in video, è probabile che così appari quando parli a tuo figlio. Allora potrai capire per quale motivo non ti ascolta mai o alza gli occhi al cielo. Non stiamo parlando solo di come appari: ciò che è più importante è il modo in cui ti senti dentro di te. Un viso calmo e dignitoso è il riflesso di un cuore calmo e dignitoso.

Prova a conoscere tuo figlio

Se una persona sa riconsiderare l'antico sapere in modo da coltivare nuova consapevolezza, tale persona può essere qualificata come maestro.

(*Analecta* 2.11)

Nessuno dovrebbe conoscere tuo figlio meglio di te. In America si dice: «Un padre sa come vanno le cose». In Cina: «Nessuno conosce il figlio meglio del padre». Ma è possibile andare al passo con i cambiamenti costanti di un ragazzo e dire onestamente che conosciamo nostro figlio meglio di chiunque altro? L'unico modo per farlo è avere spirito di osservazione. Guarda il suo sviluppo e riconsidera le informazioni sul suo passato. Il modo in cui si comporta un bambino a due anni e mezzo è una buona indicazione di come diventerà a tredici. Se è sempre stato cordiale e gentile e all'improvviso diventa brutale e volgare, deve esserci qualche problema nella sua vita. È molto importante per un maestro conoscere bene lo studente. Tenendo a mente il suo passato e le sue caratteristiche, sarai molto più preparato per il tuo compito. Le vecchie informazioni ti potrebbero aiutare a elaborare nuovi metodi di insegnamento per essere più efficace quando indossi l'abito da maestro.

Fai una pausa

Non conversare quando mangi e non parlare quando ti sei ritirato per la notte.

(*Analecta* 10.10)

È importante fare spesso da maestro, ma ogni tanto occorre fare una pausa dal ruolo. I pasti e l'ora di andare a letto sono opportunità perfette per toglierci l'abito da maestro. In questi momenti dovremmo smettere di insegnare, a meno che la situazione non lo richieda, e rispettare la pace mentale sia dei nostri figli sia di noi stessi.

Oggi, infatti, con i mille impegni che tutti hanno in famiglia, stare insieme a cena è un momento prezioso. Ciò nonostante, molti genitori sprecano la possibilità di avere una relazione con i propri figli in questo momento guardando la televisione o dando lezioni. Il momento di mangiare infatti è un'opportunità d'oro per insegnare perché i figli sono un pubblico costretto ad ascoltare.

Nell'antica Cina il capofamiglia, di solito il padre, sfruttava sempre l'ora dei pasti per rimproverare i cattivi comportamenti. Era un'epoca nella quale i genitori erano figure autoritarie indiscutibili e i figli, anche se adulti, potevano solo ascoltare. Non erano consentiti né dibattiti né discussioni.

Prova a immaginare la pressione subita per l'"insegnamento" ricevuto davanti a tutta la famiglia mentre si mangia!

Sapendo in che modo le emozioni influiscono sull'organismo, soprattutto sull'apparato digerente, dovresti cercare di creare un'atmosfera pacifica e accogliente attorno alla tavola. Se il bambino si lamenta sempre per il mal di stomaco prima di cena o l'adolescente e il preadolescente fanno a gara ogni sera per chi finisce prima di mangiare, forse dovresti fare attenzione a ciò che insegni o di cui parlate di solito durante il pasto.

Lo stesso vale per l'ora di andare a letto. Ogni disturbo d'ordine emotivo può influire sul modo in cui dormono i tuoi figli; quindi, per favore, non pensare che la camera da letto sia un'aula conferenze. Se i tuoi figli sono piccoli, assicurati di trascorrere dei momenti felici insieme a loro prima che vadano a dormire. Concludi la giornata con un bell'abbraccio e un grosso bacio. Nessun bambino dovrebbe andare a letto pensando che la mamma e il papà non gli vogliono più bene solo perché nel pomeriggio si è comportato male.

L'ora dei pasti e della buonanotte sono momenti favorevoli all'affetto, non utili a dare lezioni. Se un figlio si comporta male durante uno di questi due momenti, prendilo da una parte e digli cosa è giusto, ma fuori della sala da pranzo o della camera da letto. Se si tratta di un bambino, è meglio fare una pausa; se è un ragazzo, cerca di ragionarci. Stabilisci un'area in casa, nella quale puoi fare delle conversazioni "serie" con lui; ti sarà utile per evitare di associare l'ora di mangiare o di andare a letto con quella della ramanzina.

PREPARA IL TUO ALLIEVO PER IL MONDO REALE

A differenza di un insegnante scolastico, che ha la responsabilità di preparare uno studente per l'anno seguente, un genitore-maestro dovrà stare accanto al figlio come minimo vent'anni. Perché, in fondo, non vuoi che tuo figlio sia bravo solo per un anno, ma che lo sia ogni anno, anche quando sarà un adulto indipendente.

Come genitore non gli insegni una materia, ma *tutte* le materie della vita. Da camminare a guidare, vuoi che tuo figlio apprenda moltissimo da te prima che si avventuri da solo nel mondo. Eppure molte volte dimentichiamo il quadro d'insieme e crediamo di insegnargli solo una determinata situazione. Per quanto sorprendente, Confucio era completamente diverso dagli antichi insegnanti, favorevoli a far memorizzare agli studenti poesie e letteratura. Il Saggio riteneva che gli insegnanti dovessero ispirare e guidare gli studenti affinché questi imparassero a pensare da soli. Fu sempre convinto che pensare e apprendere dovessero andare di pari passo. Gli insegnanti non si limitano a educare all'apprendimento; un bravo maestro ispira altresì lo studente a pensare in modo indipendente e a essere in grado di sviluppare ciò che gli è stato insegnato.

Ma che significa "ispirazione" in questo contesto? Quando pensiamo di ispirare i nostri figli, desideriamo che siano curiosi su un argomento o che siano interessati a imparare di più su una certa materia. Se un insegnante a scuola si limita a costringere lo studente a memorizzare un testo di storia senza ispirarlo a riflettere sulle cause e le conseguenze di quanto accaduto e su come ciò possa essere applicato alla nostra epoca, è probabile che distrugga completamente l'interesse dello studente per la storia.

A casa, un genitore-maestro che ispira userà la propria saggezza per mostrare al figlio un modo per guardare le cose da differenti punti di vista. Se, per esempio, tuo figlio è demoralizzato per aver perso la sua prima gara di nuoto, portalo a osservare questo insuccesso sotto diversi aspetti. Insegnagli a riflettere su ciò che avrebbe potuto fare per migliorare la sua prestazione. Si è allenato abbastanza? Ha dormito la notte prima? Era nervoso durante la gara? Digli che questa è una buona opportunità per imparare a gestire la delusione guardando al quadro d'insieme. La prima cosa da fare è riuscire ad analizzare e imparare dalla situazione in esame. Ispira il tuo ragazzo deluso affinché si impegni per ciò che vuole ottenere. Insegnagli che anche se questa volta non ha preso nessuna medaglia, tutto lo sforzo fatto per allenarsi non è andato perduto. Fagli vedere tutti i "premi nascosti" che ha ottenuto, per esempio la salute e la forma fisica, l'esperienza in un torneo di nuoto, gli amici che ha conosciuto durante gli allenamenti e la possibilità di imparare le virtù della disciplina, della perseveranza e del coraggio. Aiutalo a sapere qualcosa in più sulla virtù della determinazione, che magari un giorno gli sarà d'aiuto per prendere la medaglia che sogna.

La reazione di un genitore all'insuccesso del figlio è molto importante. Non ferire i suoi sentimenti mortificandolo, ma considera che è altrettanto insensato non fargli sfruttare la possibilità di imparare da un'esperienza deludente. La giusta risposta da parte tua può ispirare e motivare tuo figlio a perseverare e impegnarsi ancora di più per raggiungere i propri obiettivi.

Il maestro non ha sempre ragione

Nello sforzo di essere benevolo nella tua condotta,
non soccombere nemmeno al tuo maestro.

(*Analecta* 15.36)

Confucio parlava di impegno per la benevolenza, ma questo può estendersi anche ad altre questioni della vita quotidiana. Siamo più grandi e abbiamo più esperienza dei nostri figli, ma ciò non significa che abbiamo sempre ragione. Da' loro l'opportunità di dirti ciò che ritengono sia giusto. Forse la loro posizione non sarà corretta, ma, consentendo di esprimere il punto di vista individuale, dai loro la possibilità di lottare per i propri diritti e di esplorare pienamente le personali opinioni. Contemporaneamente, insegni il modo giusto per esprimere se stessi, per fare domande con rispetto, calma e chiarezza. Non lasciare che un figlio sia sgarbato nei tuoi confronti quando intende dire quello che pensa, ma insegnagli, fin da piccolo, che solo parlando con le buone maniere può mettere in discussione le regole e le linee guida stabilite da genitori e insegnanti.

Molti genitori pensano che rispondere in modo impertinente sia sbagliato, quindi non deve essere tollerato e basta. Ma ciò che non capiscono è che a un figlio si può insegnare di più e meglio, lasciando che metta in discussione le decisioni del genitore in modo adeguato, perché così si allena a vedere le cose da diverse angolature e a esplorare le proprie convinzioni. Ciò significa che anche tu devi essere onesto con te stesso e pronto a scusarti se scopri di aver fatto un errore. Non pensare di svergognarti o compromettere il tuo ruolo di genitore-maestro ammettendo un errore. Anzi, riconoscere di aver sbagliato con garbo, ti farà acquistare maggiore fiducia e rispetto agli occhi dei figli.

Per determinare se tuo figlio ha un'argomentazione valida, è importante che ascolti anche la sua versione della storia. Spesso i bambini non sono molto eloquenti quando si tratta dei loro sentimenti. Come genitore, però, a prescindere dal ruolo di sovrano, maestro o amico che stai svolgendo, è essenziale sapere ciò che pensa davvero tuo figlio.

Io, ad esempio, una lezione davvero preziosa su come scoprire ciò che pensano i bambini, l'ho appresa dal mio mentore, Bobbie Sandoz, autore di *Parachute of Parenting*. Si tratta di imparare ad ascoltare con la perizia di un mago. Ricordi la scatola dalla quale il mago tirava fuori l'estremità di una sciarpa colorata, che poi continuava a uscire all'infinito? Il nostro lavoro di genitori è di imparare a tirare fuori quelle sciarpe una a una, finché non sappiamo esattamente cosa ci sia nella scatola. Il trucco è di indagare senza giudicare o criticare, perché altrimenti anche la punta della sciarpa ricadrà nella scatola. È solo dopo aver saputo l'intera storia che possiamo aiutare nostro figlio a risolvere il suo problema.

GLI ALLIEVI CHE SANNO SOLO ESSERE D'ACCORDO NON SONO BRAVI ALLIEVI

Yan Hui accettava qualunque cosa io dicessi senza dissentire. Ciò non è affatto utile.

(*Analecta* 11.4)

Di nuovo, ci viene rammentato che uno studente che è sempre d'accordo con il maestro senza riflettere su ciò che dice il docente, non sta imparando davvero. Se non vuoi che tuo figlio sia una persona che dice di sì per tutta la vita, incoraggialo a esprimere la sua opinione in modo cortese, anche se differente dalla tua. Confucio riteneva che un individuo capace di mettere da parte la propria opinione e di ascoltare un punto di vista differente fosse il livello più elevato di raffinatezza. Dopo aver riflettuto a lungo, se l'altra opinione ha senso ed è ragionevole, combina le due posizioni e prendi la via di mezzo per ottenere il risultato migliore. Se questo lo metti in pratica con tuo figlio, anche lui lo imparerà da te.

Se un figlio sa che i genitori sono disposti ad ascoltare la sua opinione, avrà maggiore rispetto per loro. Tuttavia, ciò non significa dare loro il diritto di essere alla pari con te in famiglia. Ai bambini non dovrebbe mai essere consentito di prendere decisioni se sono troppo immaturi o poco esperti per prevederne le conseguenze. Cerca invece di essere cortese, così non avranno la sensazione che vuoi sopraffarli. Nel ruolo di genitore-maestro, puoi stimolarli a pensare mentre imparano, ma devono altresì sapere che sei disposto a discutere e venire a un compromesso solo se sono disponibili ad ascoltare e a esprimere la loro opinione in modo adeguato e rispettoso. Fai capire che sono giovani e pieni di idee buone e nuove, ma l'età e l'esperienza impediscono ancora loro di prendere decisioni da adulti. Prova a prendere in considerazione il più possibile le loro idee, ma cerca di spiegare bene, e di essere fermo, quando tali idee non possono essere messe in pratica.

I figli sono molto scaltri e se capiscono che non saranno mai in grado di "vincere", sceglieranno di non parlare della faccenda. E chiudendoli fuori, non saremo mai in grado di scoprire se sono autenticamente concordi o se lo dicono solo per sbarazzarsi di noi. Sii sincero con i tuoi figli sul fatto che non hanno la tua stessa esperienza di vita (io dico spesso a mia figlia che è sensibile e matura, ma che è comunque una diciassettenne sensibile e matura), ma che sei disposto ad ascoltare il loro punto di vista. Se possibile, cerca di prendere in considerazione alcune delle loro opinioni e di dire che sono argomenti fondati. Fai in modo che tuo figlio non arrivi a pensare che la sua opinione è sempre sbagliata. Indossa il tuo abito da maestro e spiegagli che un giorno diventerà più scaltro e saggio di te.

Apprendimento e riflessione devono andare di pari passo

Se non desti curiosità, non sarai capace di ispirare;
Se non lo fai dubitare, non cercherà di scoprire;
Se non mostri a uno studente un angolo del tavolo, aspettati che lui descriva a te gli altri tre angoli.

(*Analecta* 7.8)

Questo si può applicare con i ragazzi più maturi. Quando i nostri figli diventano adolescenti, ci sono argomenti più seri che dobbiamo insegnare loro. Non dobbiamo più far vedere come lavarsi i denti o attraversare la strada. Ci troviamo di fronte temi come discriminazione, omosessualità, politica, spiritualità, sesso e abuso di stupefacenti. Si tratta di tutti argomenti che fanno riflettere e alla fine i nostri figli dovranno prendere decisioni *proprie* in merito.

L'avidità di sapere è sintomo di curiosità. I genitori-maestri dovrebbero portare gli studenti a essere curiosi sulle faccende controverse che abbiamo dinanzi ogni giorno. Se non sono curiosi, non avranno interesse a discutere di questi temi con te. Perché c'è la discriminazione? L'omosessualità è una scelta? Qual è la differenza tra un democratico e un repubblicano? Qual è il nome di Dio? È meglio astenersi dai rapporti sessuali o usare metodi contraccettivi? Magari ti sorprenderà, ma gran parte degli adolescenti sono più informati di quanto ti aspetteresti su tali temi. Il fatto è che noi siamo solo alcuni dei molti insegnanti da cui imparano e che ne influenzano le decisioni. Ecco perché è essenziale discutere di tali argomenti con loro. È importante per loro sapere cosa ne pensiamo, ma ancora più importante è sapere cosa pensano loro.

Ci saranno momenti in cui tu e tuo figlio avrete posizioni completamente differenti su alcuni argomenti. Non cercare di sminuire la sua opinione o di criticarne le convinzioni, perché questo non farà altro che allontanarlo da te e privarlo dell'opportunità di esprimere il suo parere. Se tuo figlio si avvicina all'islamismo e tu professi un'altra religione, cercate di imparare qualcosa insieme su Allah e condividi con lui ciò che pensi sulla divinità. Insegnare a vedere le cose solo in un modo non significa necessariamente che alla fine sposerà la tua opinione. Ha tutti i diritti di accettare l'omosessualità anche se tu la pensi diversamente, e può diventare repubblicano anche se tu sei democratico da una vita. Ciò nonostante, non sprecare l'opportunità di destare il suo interesse ad approfondire tali argomenti prima che assuma le sue personali convinzioni.

Lo sforzo non è una cosa sbagliata

Confucio disse: «È vero amore quello per qualcuno al quale non si insegna cosa sia la sofferenza?».

(*Analecta* 14.7)

Questo è il significato genuino che si cela dietro l'amore per tuo figlio e, contemporaneamente, l'educazione che gli impartisci. Oggi per molti genitori non c'è niente di sbagliato nel viziare i figli: alcuni ne sono addirittura orgogliosi. Probabilmente ritengono di dimostrare che sono in grado di provvedere bene alle loro necessità. Ma l'educazione non significa insegnare a un figlio a godersi una vita eccessiva e facile; l'educazione vuol dire spiegare come essere forte anche quando c'è da impegnarsi a fondo per ciò che si desidera ottenere dalla vita.

Se ami davvero tuo figlio e vuoi che sia in grado di sopravvivere anche quando il mondo intorno a lui è nel caos, dovrai allenarlo come si deve a casa. Alcuni viziano i figli perché ritengono che siano persone troppo preziose perché sentano qualunque dolore, fisico o emotivo. Si preoccupano che facendo sforzare troppo il figlio, questi possa arrivare a detestare i genitori o che ne venga danneggiata l'autostima. In America, quando si commenta una composizione scritta di un bambino, si sentono spesso i genitori dire: «Bel lavoro, buono lo schema, buone le idee, amore mio; quanto alla scrittura... vedo che ti sei impegnato a fondo». *Sì, ma la scrittura?* I genitori convinti che l'autostima dei figli sia molto delicata non si permettono di dire la verità neanche di fronte a uno scarso rendimento a scuola.

Non dico che dovremmo sempre criticare i nostri figli, ma dobbiamo avere equilibrio in questo campo. I bambini devono sapere che agli altri può anche non piacere il loro lavoro. Devono imparare a prendere le critiche educatamente e a impegnarsi di più per migliorare il proprio rendimento. Se a casa non diamo loro un assaggio di critica a fin di bene, in modo gentile, potrebbero ritrovarsi in futuro a imparare sulla loro pelle quando non è più tempo di sognare.

Uno dei grandi benefici dell'incoraggiamento ai nostri figli perché si impegnino per ottenere qualcosa è che impareranno ad apprezzare il risultato finale. Se ci limitiamo solo a mantenerli e non pretendiamo che si sforzino di ottenere un certo obiettivo, i figli impareranno unicamente a ricevere e non sapranno mai dare. E se non sono in grado di restituire, continueranno a chiedere di più e non sapranno apprezzare ciò che hanno. Dare il giusto valore alle cose è la chiave per la felicità. È solo quando apprezziamo ciò che abbiamo che possiamo essere soddisfatti e felici.

Non importa se sei milionario o prendi i sussidi pubblici: tuo figlio deve imparare qual è il prezzo delle cose belle della vita e apprezzare ciò che gli è stato dato. Troppi ragazzi oggi danno tutto per scontato e pensano che i genitori debbano loro una bella vita. Se nessuno ha insegnato mai a un ragazzo che lavorare è un dovere, in che modo imparerà che ci vogliono 214 ore di lavoro per quel computer che ha ricevuto a Natale?

A noi tutti piace vedere il sorriso sul viso dei nostri figli. Eppure, ogni volta che vogliamo essere eccessivamente generosi con loro (per esempio attraverso le lodi o i soldi), è importante anche rammentare che gli elogi e i risultati economici non vanno confusi con l'orgoglio. Un proverbio cinese dice: «Per essere l'uomo sopra a tutti gli uomini, una persona deve essere capace di sopportare la più dura delle sofferenze». Ma quello che è fatica per una persona potrebbe non esserlo per un'altra. Perciò prima aiutiamo i nostri figli a guardare i problemi onestamente e risolverli con la fatica e l'ingegno, più saranno forti quando si troveranno ad affrontare gli ostacoli nel mondo reale. Il duro sforzo può significare difficoltà in tutte le aree della vita: scolastica, emotiva, finanziaria, fisica, personale, professionale, o anche solo qualcosa che è troppo difficile da gestire per una persona.

Per mostrare ai tuoi figli come affrontare le difficoltà, comincia con faccende di poco conto. Insegna al tuo bambino di sette anni ad affrontare l'insegnante quando non finisce i compiti, invece di mentire tu al posto suo; fai in modo che l'adolescente prenda l'autobus invece della macchina per andare a scuola; o che il ragazzo che sta per andare all'università si guadagni le cose belle che gli piacciono. Tutto questo aiuta ad allenare i tuoi allievi a gestire gli ostacoli. Fa' che si rendano conto che nella vita il vero orgoglio e l'autostima genuina dovrebbero essere costruiti sul carattere, la moralità e forza, non semplicemente sulle lodi degli altri o sullo status sociale, che a volte si compra solo con i soldi.

I quattro no nell'insegnamento

Non fare congetture, non pretendere risultati assoluti, non essere testardo, non essere egocentrico.

(*Analecta* 9.4)

Non è semplice né divertente insegnare con delle limitazioni, ma dal momento che abbiamo intrapreso questo compito difficoltoso, possiamo anche fare il possibile per evitare questi quattro errori, perché potrebbero impedirci di ottenere i risultati migliori.

1. Non fare congetture

Quante volte ci fermiamo a fare ipotesi su ciò che sta pensando nostro figlio quando rifiuta di ascoltarci? Per esempio, tua figlia potrebbe non aver voglia di venire a cena dalla tua migliore amica perché il marito la fa sentire a disagio, e non perché vuole essere indipendente. Tuo fi-

glio potrebbe far finta di stare male perché ha paura di alcuni bulli a scuola, non perché non ha finito i compiti. Riflettendo eccessivamente sulle cause che spingono i nostri figli a un dato comportamento, ma senza ascoltarli attentamente, si può determinare un giudizio errato basato solo su congetture.
È difficile per i genitori evitare di fare ipotesi quando si ha un dubbio su ciò che sta succedendo nella vita dei figli. Ma fare congetture equivale a preoccuparsi, non aiuta a risolvere i problemi e non fa che accrescere lo stress mentale. Per esempio, quando tua figlia è in ritardo sull'orario di rientro a casa o ricevi una telefonata dalla scuola perché tuo figlio è stato coinvolto in una rissa all'università, è difficile non mettersi a pensare a ciò che può essere successo ed evitare di preoccuparsi che la peggiore delle ipotesi possa avverarsi. In queste circostanze l'obiettivo del genitore-maestro è scoprire prima cosa sia accaduto, e poi dare un insegnamento pertinente ai figli, in modo che non ripetano più lo stesso errore. Forse tua figlia è in ritardo perché ha dimenticato il cellulare ed è bloccata in mezzo al traffico sull'autostrada; probabilmente non è così irresponsabile e sconsiderata come sicuramente hai pensato. Oppure tuo figlio potrebbe essere rimasto coinvolto nella rissa perché alcuni prepotenti lo hanno attaccato e allora non ha avuto altra scelta che difendersi. Come vedi, se rifletti troppo potresti finire per dare la lezione sbagliata per le ragioni sbagliate. Mantieni una mentalità aperta e non esprimere giudizi finché non sai che cosa è successo veramente.

2. Non pretendere risultati assoluti

Pensi davvero che mandando tuo figlio dal migliore insegnante di pianoforte della città e comprandogli un piano

Steinway & Sons, un giorno suonerà con l'orchestra della scuola? Un buon genitore-maestro sa capire che non c'è niente che dà risultati garantiti nel mondo dell'educazione dei figli. Se lui non è in grado di diventare un pianista da concerto, non devi smettere di incoraggiarlo a proseguire lo studio della musica. Potresti essere piacevolmente sorpreso di sapere che, secondo Confucio, la musica è importante nell'equilibrio di una persona. Ma lascia che sia tuo figlio a dirti che cos'è che gli interessa. Magari vorrebbe cantare, suonare la chitarra, il violino, il violoncello, le percussioni o fare solo lezioni che insegnano a conoscere la musica.
Niente è assoluto, compreso ciò che avevamo pianificato nei dettagli per i nostri figli. Un genitore-maestro può fare del proprio meglio per preparare un figlio per tutti i tipi di obiettivi, ma il successo finale dipende comunque dal figlio stesso. Il talento, l'interesse e la motivazione di un ragazzo giocano ognuno un ruolo importante nel modo in cui persegue il successo. In qualità di genitore-maestro, dovresti osservare il talento e l'interesse di tuo figlio prima di indirizzarlo in una specifica direzione, ma se lui oppone resistenza oppure ha una buona spiegazione sul perché non voglia seguire quanto hai programmato per lui, sii flessibile e dagli la possibilità di riuscire in qualcosa di sua scelta.

3. Non essere testardo

Un bravo maestro non solo dà lezione, ma ascolta anche le idee e le reazioni degli allievi. Molti genitori immigrati sono convinti che i loro figli non debbano permettere che la cultura straniera abbia il sopravvento su quella natale. Questo però è difficile e a volte frustrante per molti ragazzi. I genitori non dovrebbero essere testardi con i conflitti culturali. Prova a imparare qualcosa di più sulle differenze tra culture e ad avere un dibattito aperto con tuo figlio su ciò che ti preoccupa. Se sei troppo rigido con le tue opinioni in merito, un giorno tuo figlio potrebbe rifiutare completamente la tua cultura di origine.

Per esempio, dormire a casa d'altri non esiste nel vocabolario di molti genitori di origine asiatica. Non era contemplato passare la notte da amici durante la mia infanzia a Hong Kong. Ma quando, all'età di otto anni, mia figlia mi ha chiesto per la prima volta se poteva dormire da un'amica, le ho detto che non mi piaceva l'idea che le ragazze dormissero a casa d'altri, soprattutto di chi nemmeno conoscevo. Era difficile per me capire perché mai non potessero giocare fino alle nove o alle dieci di sera e poi tornare a dormire a casa propria. Non era un problema neanche riportarla dall'amica il giorno dopo, anche se avevo qualcosa in programma per la mattina.

Allo stesso tempo, è stato altrettanto difficile per mia figlia capire perché stessi tirandola per le lunghe solo per una festa dove si dorme a casa d'altri. Tutte le sue amiche americane lo facevano e nella cultura occidentale era normale come andare al cinema. Io le ho spiegato che non si trattava di sfiducia nei suoi confronti o della sua amica; non mi fidavo delle altre persone, perché non conoscevo bene la famiglia. E non sapevo neanche se avessero un antifurto o un allarme antincendio. Non volevo correre il rischio di mandare la mia bambina da sola nel mondo reale, visto che non pensavo che fosse grande abbastanza per proteggersi dai pericoli.

In quel caso non è stato uno scontro tra mia figlia e me, ma tra la sua cultura e la mia. Avrei potuto essere testarda e dirle che non ci sarebbe stata nessuna notte passata da altri e basta. Questo, però, avrebbe insegnato a mia figlia a essere ostinata nel risolvere i problemi. Alla fine siamo giunte a un compromesso: le avrei consentito di dormire fuori solo se avessi conosciuto l'amica *e* i genitori dell'amica. Per altro, ho colto al volo l'occasione per insegnarle a rendersi conto del fattore sicurezza in un ambiente estraneo. Dopo tutto, anche da adulti dovremo sempre controllare le uscite di sicurezza in un hotel prima di andare a dormire.

La cultura può essere solo uno degli elementi in grado di determinare una differenza di opinione tra te e tuo figlio. Potrebbe trattarsi anche di divario generazionale, differenza di personalità o solo di prospettive alternative. L'ostinazione in situazioni del genere porta solo sentimenti cattivi e nessuna soluzione.

È altrettanto importante che gli insegnanti non siano rigidi nel loro stile di lavoro. Confucio diceva che il maestro deve adattarsi alle esigenze di ogni allievo e che non c'è uno stile universale nell'insegnamento. Intendeva dire che ogni studente è differente e che il maestro dovrebbe essere flessibile nel modo di accostarsi a ciascuno. Ad esempio, se tuo figlio è timido e poco brillante, insegnagli a correre rischi in modo da essere più audace. Se invece è impulsivo e aggressivo, insegnagli a "rallentare", così da essere più paziente e attento nella vita.

4. Non essere egocentrico

Se sei un maestro egocentrico, insegnerai solo per essere apprezzato o per tua convenienza. Potresti riuscirci quando gli allievi sono ancora piccoli, ma una volta che sapranno pensare con la loro testa, noteranno la spinta egoistica dietro i tuoi insegnamenti.

Se sei arrabbiato con tuo figlio che ha rovesciato il succo d'arancia poiché sei tu a dover pulire o perché odi le macchie sul tuo bellissimo tappeto, la rabbia potrebbe impedirti di insegnargli a stare più attento la prossima volta. Se gridi o addirittura picchi tuo figlio, non farai che farlo innervosire ancora di più. Non potrai insegnargli a fare attenzione a bottiglie o bicchieri troppo vicini al bordo del tavolo o che deve imparare a non essere maldestro quando cerca di prendere il burro.

Molti di noi sono egocentrici nell'educazione dei figli perché tutti abbiamo bisogno di occuparci delle nostre esigenze nella vita. I problemi arrivano quando ciò che vogliamo per noi ci fa prendere la decisione sbagliata con i nostri figli. L'unico modo per abbandonare il comportamento autocentrato è focalizzare l'attenzione sul benessere dei figli e non sul nostro. A volte è una decisione difficilissima quando le nostre esigenze e quelle dei nostri figli sembrano ugualmente importanti. Un genitore saggio sarà capace di contrastare il proprio comportamento egocentrico con una forza detta amore di sacrificio. Anche se "sacrificio" suggerisce l'abbandono di qualcosa di prezioso per il bene degli altri, l'amore di sacrificio di un genitore di solito fa guadagnare qualcosa che è ancora più prezioso: l'amore e il benessere dei figli.

Ricorda: ogni volta che sei con tuo figlio, indossi costantemente l'abito da maestro. Lui apprende da te con o senza il tuo permesso, consciamente o inconsciamente. E l'unico modo per battere gli altri suoi insegnanti (la TV, Internet, la cultura pop ecc.) è di conquistarti il suo rispetto con l'esperienza e la saggezza.

Semplici risposte a domande frequenti

Che cos'è un genitore-maestro?

Un genitore-maestro è una persona che assume il ruolo di insegnare al figlio tutto ciò che ha bisogno di imparare, affinché questi un giorno sia ben preparato ad affrontare il mondo da solo.

Perché i genitori-maestri hanno bisogno di saggezza?

Un genitore-maestro ha bisogno di saggezza perché deve indurre il figlio a fare domande e a essere motivato a imparare. Non è saggio insegnare costringendo i figli a seguire le tue istruzioni senza accertarti che comprendano e che siano d'accordo con quello che stai trasmettendo loro. Un maestro ha bisogno di saggezza anche per avere una buona relazione con l'allievo. Non importa affatto quanto sei preparato o saggio: i tuoi insegnamenti non arriveranno mai allo studente se hai un cattivo rapporto (o non lo hai affatto) con tuo figlio.

Quando abbiamo bisogno di essere maestri?

Abbiamo bisogno di indossare il nostro abito da maestri quando c'è da prendere una decisione e dobbiamo insegnare a nostro figlio come prenderla. La differenza tra un genitore-sovrano e un genitore-maestro è che il primo deve avere l'ultima parola, mentre il secondo sa guidare l'allievo affinché prenda da solo la decisione migliore, consentendo al figlio di avere l'ultima parola.

Come dovrebbe insegnare un genitore-maestro saggio?

Vediamo questo esempio. Noti che tuo figlio, ormai adolescente, ha difficoltà a controllare il proprio temperamento irascibile quando è alla guida. Sei molto preoccupato e agitato. Un maestro saggio saprà che è inutile strillare e criticare il giovane guidatore per il suo carattere al volante. Si tratta di un problema molto serio, ma non puoi cercare di giocare il ruolo del genitore-sovrano perché, se non comprende e vuole sfogare la sua collera sulla strada, non c'è niente che tu possa fare per fermare un simile comportamento pericoloso. Togliergli la macchina non farà che farlo arrabbiare ulteriormente e renderlo più pericoloso quando torna a guidare.

Un maestro assennato indicherà all'allievo come gestire la rabbia con la benevolenza. Occorre insegnargli a indossare gli "occhiali della benevolenza" quando qualcuno lo fa adirare per strada. Deve imparare a vedere il guidatore che gli taglia la strada come qualcuno che è spericolato per una ragione personale o che non ha mai avuto la possibilità di imparare cosa sia la responsabilità della guida di un'automobile. Devi insegnargli che la rabbia è una reazione sciocca. Peraltro, un maestro assennato aiuterà il giovane guidatore a vedere le possibili conseguenze della sua collera, con le quali potrebbe trovarsi a vivere per il resto della vita. Da ultimo, sii gentile e affettuoso e ricordagli quanto gli vuoi bene e che soffriresti molto se si facesse male o lo facesse a qualcun altro. Un maestro saggio fa che il proprio studente pensi a come prendere la decisione migliore per se stesso.

Capitolo sei

L'amico coraggioso: conservare il cuore di tuo figlio, ora e per sempre

Abbiamo visto che l'obiettivo di un sovrano è guadagnarsi la *fiducia* del figlio e quello di un maestro di conquistare il *rispetto* dell'allievo. Il fine di un amico è invece di ottenere un *rapporto* con il figlio. Quando si è genitori, si cerca di stabilire un contatto con i figli in molti modi e, nella maggior parte dei casi, ci si riesce meglio trattandoli da amici.

Siamo l'amico del neonato quando giochiamo e scherziamo con lui. Più tardi, quando il bimbo comincia a gattonare, lo facciamo anche noi per giocare da amici con lui. Il ruolo dell'amico è quello che è più improntato al gioco fra i tre, ma può essere anche il più pericoloso se lo fai nel momento sbagliato.

Fin dall'inizio abbiamo bisogno di tutti e tre i nostri abiti educativi e dobbiamo fare attenzione a quando svolgere un certo ruolo. Pensa solo a un genitore che fa il sovrano mentre gattona sul pavimento, per esigere che il bimbo sia obbediente e segua la direzione in cui sta andando lui. Oppure immagina un genitore che fa il maestro per spiegare al neonato la differenza tra il latte materno e quello in bottiglia. O che parla da amico mentre tenta di persuadere il bambino che ha appena cominciato a camminare a non correre in una strada affollata. Non sono scene particolarmente gradevoli, vero?

Quando è meglio fare l'amico?

Abbiamo visto che il genitore può essere sovrano quando ha bisogno di governare e maestro quando deve insegnare. A questo punto, quand'è che subentra il ruolo dell'amico? La questione chiave nel determinare quando svolgere il ruolo del genitore-amico sta ancora una volta nel "prendere delle decisioni". Se una situazione non richiede che tu prenda delle decisioni, allora è il momento in cui puoi comportarti da amico e divertirti. Ad esempio, giocare a nascondino non implica nessuna decisione da parte tua, ma insegnargli a camminare comporta invece decisioni da entrambe le parti: tu devi stabilire in che modo insegnare e lui decidere come imparare o se vuole imparare. Oppure, andare a fare compere con tua figlia non richiede decisioni, ma nel momento in cui lei desidera acquistare un paio di jeans di marca da quasi 200 euro è ora di passare al ruolo del maestro. Potrebbe usare i suoi risparmi o fare delle ore di straordinario, oppure prendere un altro paio di jeans che rientrino nel budget previsto.

All'inizio può sembrare complicato, ma una volta che ci si abitua a fermarsi e pensare prima di scegliere uno dei ruoli, diventa tutto più rapido. Ricorda: il sovrano e il maestro si ritireranno quando tuo figlio sarà adulto, ma un amico non dovrà mai farsi da parte e può durare per tutta una vita.

Quando sei amico, sii solo amico

Zi Gong domandò in che modo trattare gli amici e Confucio rispose: «Fai del tuo meglio per consigliarli e condurli con destrezza lungo la via. Ma se non sono disposti ad ascoltare, fermati, non ti screditare nel percorso».

(*Analecta* 12.23)

Quando si è amici dei figli, è necessario togliersi gli abiti da sovrano e maestro. C'è sempre la tentazione di pretendere e insegnare, se l'amico con il quale hai a che fare è tuo figlio. Ciò nonostante, quando riesci a stabilire un rapporto del genere, lui dovrebbe essere una persona libera che può prendere le proprie decisioni. Ecco perché è importante sapere quando comportarsi da amico. *Rifletti attentamente se, data una certa situazione, è necessario che tu governi, insegni o che dia semplicemente un consiglio da amico.*

L'amicizia esige una certa competenza; per questo ci sono così tanti libri sull'arte di essere amici. Attraverso l'atto dell'amicizia, come per quello dell'educazione dei figli, cerchiamo di creare una relazione che sia bella e duratura. Abbiamo quindi bisogno delle capacità adeguate per fare tutto il possibile e persistere malgrado le difficoltà. Anche se ogni tanto ci sentiamo insoddisfatti, non possiamo mai cedere. Dobbiamo sempre ricordare che a volte gli amici hanno punti di vista differenti. Con gli amici si possono condividere delle riflessioni, ma solo fin dove si può arrivare; non è possibile far pressione affinché tutti siano d'accordo. Insistendo troppo, infatti, si può finire per diventare ansiosi o arrabbiarsi. Si può anche arrivare a perdere un amico se si è troppo duri.

Un amico pronto ad aiutare

Quando gli chiesero cosa pensasse dell'amicizia, Confucio disse: «Vi sono tre tipi di amici pronti ad aiutare: gli amici onesti, indulgenti e gli amici sapienti».

(*Analecta* 16.4)

Gli amici dovrebbero aiutarsi l'un l'altro. Per essere disposto a farlo, la prima cosa di cui hai bisogno è l'*onestà*. Se tuo figlio vuole andare al cinema con te ma tu sei impegnato con il lavoro, sii onesto con lui. Digli che ti dispiace ma devi portare a termine un certo impegno e che recupererai la settimana seguente. Non inventare scuse: è tremendo scoprire che il tuo amico non è sincero con te.

Quando un figlio più grande, o adulto, viene da te per un consiglio, sii onesto su come la pensi. Se c'è una controversia e ritieni che tuo figlio stia sbagliando, digli con sincerità la tua opinione. Non giudicare, ma cerca di essere imparziale. Digli cosa ritieni sia giusto e cosa sbagliato, ma senza accuse. Dire a tuo figlio solo cose che a lui piace sentire non gli sarà molto d'aiuto. Tuttavia, è importante che non ti metta a fare lezione come un'autorità: attento a non sbagliare tono. Prima di dare un consiglio, inoltre, immagina che tuo figlio sia il tuo migliore amico e che sia nei guai; ti aiuterà a essere più garbato e sereno. Considerati fortunato se viene da te per un consiglio: devi aver fatto qualcosa di buono lungo la strada.

Il secondo tipo di amico pronto ad aiutare è chi possiede l'*indulgenza*. Se tuo figlio ti rivela di aver commesso qualche sbaglio o che ha fatto qualcosa alle tue spalle, è una bella prova per la forza della tua amicizia. Ma ricorda: in primo luogo non era obbligato a dirtelo. Se è riuscito a farsi coraggio, a essere onesto e ad aprirsi con te, anche tu devi seguire quella strada e mostrarti indulgente e comprensivo. Reagire urlando non farà che portarlo a pensare di aver fatto la scelta sbagliata venendo da te.

Infine, un amico pronto ad aiutare avrà bisogno di *conoscenza*. A mano a mano che i tuoi figli diventano più indipendenti e maturi, essere informato di ciò che accade nel loro mondo è molto importante. Avere argomenti in comune di cui parlare ti aiuterà a stabilire un rapporto più forte con tuo figlio. Un modo per sapere di più del suo mondo è leggere le sue riviste. Proponi di fare acquisti insieme e di prendergli le sue riviste preferite: leggerle sarà molto istruttivo. Purtroppo di solito questo metodo non funziona in entrambe le direzioni; è difficile far sì che i bambini o i ragazzi si interessino al mondo dei genitori.

Solo tra amici

Non rivelare i programmi dell'altro;
non fare congetture senza aver fatto ricerche;
non sospettare di ciò che ti hanno detto gli altri.
Se si riesce a fare queste cose,
si può dire di essere saggi e attenti
a quel che avviene nella vita dell'altro.

(*Analecta* 14.31)

Per avere un'amicizia vera con tuo figlio, devi dimostrargli di saper ascoltare senza giudicare e saper proteggere la sua vita privata. Assicuragli che quello che condivide con te rimarrà tra voi due. Probabilmente ci saranno cose fatte da tuo figlio delle quali vorresti vantarti o lamentarti con i tuoi amici, ma se non hai il suo permesso, devono rimanere segrete.

Congetture e sospetti sono dannosi in qualunque relazione. Persino in qualità di sovrano o maestro, non è buono per il rapporto presumere cosa stia succedendo senza essersi informati a dovere. Ma questo è più delicato in un'amicizia, perché gli amici dovrebbero essere più aperti l'uno con l'altro e la vera amicizia si costruisce sulla fiducia totale tra due persone. A volte fare ipotesi ti fa preoccupare per cose che non esistono. Fatti coraggio, cerca di capire qual è la verità e, nel caso, affronta il problema.

In un seminario per genitori mi raccontarono un episodio che poi mi è rimasto impresso: l'oratore chiese al pubblico di immaginare di guidare in una città straniera e di essersi persi. Forse la persona seduta accanto a noi è tranquilla e comprensiva e ci aiuta a guardare la mappa per ritrovare insieme la strada. Oppure potrebbe cominciare a criticare perché siamo distratti, pigri per non aver studiato meglio la carta o addirittura dirci che lei avrebbe fatto senz'altro meglio. Un genitore è come questa persona che siede vicino al guidatore. Quanto riusciamo a stare in quel sedile passeggeri dipende da che tipo di passeggeri siamo.

Infine, quando facciamo l'amico, è importante ricordare di ascoltare i nostri figli come fossimo i loro migliori amici e di non reagire troppo rapidamente o giungere a qualunque conclusione priva di fondamento. Se abbiamo il cuore colmo di benevolenza, la mente piena di saggezza e lo spirito carico di coraggio, il ruolo dell'amico ci verrà spontaneo.

Non interferire

Non interferire nel dovere di qualcun altro
se non sei nella sua posizione.

(*Analecta* 8.14)

Tuo figlio rifiuta di mettersi il maglione; finisci per stare in piedi tutta la notte perché alla fine prende l'influenza. Tuo figlio non vuole fare i compiti; finisci per andare a parlare con l'insegnante per spiegare cosa è successo. Sembra quasi che i problemi del tuo bambino siano anche i tuoi, che poi è il motivo per cui la maggior parte delle volte dai l'impressione di immischiarti nella sua vita. Eppure, non dobbiamo interferire con i problemi dei nostri figli. Dobbiamo imparare a chiederci se si tratta di un problema nostro o del ragazzo.

Per esempio, non ti intromettere se tuo figlio sta litigando per dei giocattoli. Se vuole i giocattoli di un altro bambino, lascia che impari che anche gli adulti non sempre mettono in comune le proprie cose. Insegnagli a trovare qualcos'altro con cui giocare. Se qualcuno vuole il suo giocattolo, spronalo a essere comprensivo verso l'altro, ma non ti immischiare e non costringerlo a spartire i suoi giochi. Nella vita reale ti piacerebbe essere obbligato a condividere i tuoi "giocattoli", per esempio l'automobile, i gioielli, il computer e così via? Un bambino lascerà che altri usino i suoi giochi solo se ha indulgenza, non perché è costretto.

Quando tuo figlio cresce, poi, i suoi problemi saranno ancora più suoi. All'università, per esempio, potresti non essere autorizzato a vedere i suoi voti. È un suo problema se non studia, anche se potrebbe aver bisogno di aiuto e incoraggiamento da parte tua. Come adolescente, se tuo figlio continua a non lavarsi i denti, tu avrai comunque il problema del conto del dentista, ma dovresti lasciare a lui la faccenda: non hai più la responsabilità del suo mal di denti. La titolarità dei problemi influisce sul modo in cui conduci una conversazione amichevole con tuo figlio. Finché continui a pensare che il suo problema è anche tuo, non sarai mai in grado di essere l'amico pronto ad aiutare e che non giudica. Allo stesso tempo, è importante frenarsi e non sentirsi responsabili per i problemi dei figli. Prima o poi dovranno imparare a occuparsi da soli della propria vita, se non vuoi trattarli come dei cagnolini.

Da' un po' di spazio a tuo figlio

Si dice anche: «Se nel servire il tuo re sei implacabile, ti procurerai umiliazione; se nell'amicizia sei implacabile, vedrai che i tuoi amici si terranno a distanza».

(*Analecta* 4.26)

È abbastanza brutto vedere gli amici che mantengono le distanze da noi. Quando si tratta di tuo figlio, può essere anche un'esperienza dolorosa. Eppure ci sono molti figli che sono fisicamente vicini ai genitori, ma distanti nei pensieri.

Tutti hanno bisogno dei propri spazi, e un amico troppo pressante ci farà sentire soffocati. Questo vale ancora di più per i genitori. Ecco perché dobbiamo avere il buon senso di sapere quando è ora di fare un passo indietro affinché i nostri figli abbiano lo spazio e la lucidità per pensare con la propria testa. Dare ai figli lo spazio per riflettere è un altro modo per evitare un'educazione egocentrica. Un ragazzo che non ha la possibilità di essere rilassato, pensare e prendere le proprie decisioni o solamente di essere se stesso, alla fine avrà timore di avere un suo spazio di potere. Sarebbe come avere la libertà per la prima volta dopo una vita in prigione. I genitori a cui piace gestire la vita dei figli dovranno considerare i danni che arrecano e assumersi la responsabilità della riluttanza dei figli a essere indipendenti negli anni a venire.

La devozione filiale nel rapporto genitore-figlio

Nella cultura cinese molti ragazzi hanno un rapporto strettissimo con i genitori. Di solito i sentimenti che provano per la madre e il padre sono una combinazione di rispetto, timore, obbedienza o addirittura dipendenza. È alquanto triste vedere ragazzi che dovrebbero essere autonomi ancora non riuscire a staccarsi dal controllo dei genitori. Tuttavia, se si osservano bene, si noterà che molti di questi rapporti genitore-figlio non sono affatto amichevoli e che i figli non sono a proprio agio con la famiglia.

Ma perché ci sono bambini o ragazzi che non si trovano bene con i genitori? Che cos'è che li rende differenti da chi non ha problemi del genere? La risposta sta nella presenza o assenza dell'amicizia. Se un figlio ormai adulto vede ancora i genitori come sovrani o maestri quando è in loro compagnia, è improbabile che si senta a proprio agio con loro. D'altra parte, se il genitore riesce a coltivare un rapporto che consenta al figlio di essere aperto e avere un atteggiamento amichevole, il ragazzo si troverà bene con lui.

Il comportamento irriverente verso i genitori è del tutto inaccettabile secondo la dottrina di Confucio. Nell'epoca in cui visse il Maestro, si esigeva devozione filiale assoluta sia nelle azioni che nei pensieri. Ma i genitori moderni possono ancora pretendere la devozione filiale dai loro figli, magari dopo aver loro guastato la vita? Oggi molti genitori non meritano affatto la devozione filiale. Se dai uno sguardo alle statistiche sul maltrattamento e l'abbandono dei minori, capirai cosa intendo. Proprio come la sovranità assoluta, la castità, la fedeltà al lavoro, anche la devozione filiale assoluta è un qualcosa del passato e i genitori di oggi dovrebbero svegliarsi e riconoscere che non rappresenta più un obbligo per i giovani. Essa può solo essere la conseguenza naturale della loro relazione con i figli.

In Occidente la devozione filiale si presume ma non è pretesa come nella cultura orientale. In America i genitori attribuiscono molta importanza all'individualismo e ci si aspetta che a una certa età i ragazzi siano indipendenti. Di norma il rapporto genitore-figlio è più amichevole perché molti genitori si sono comportati praticamente da amici durante la crescita dei figli. Tuttavia, avere un rapporto amichevole con tuo figlio non significa affatto che hai un buon rapporto con lui. Anche gli amici possono essere buoni amici o solo amici per modo di dire, quindi se dai a tuo figlio la libertà totale di essere tuo amico quando è piccolo, gli dai anche la libertà di fare altrimenti. Del resto, gli amici sono su un piano di parità e sono liberi di fare ciò che vogliono.

Se un bambino fosse stato cresciuto da un amico che non si fosse mai preso la responsabilità della sua educazione e non gli avesse insegnato quelle cose di cui ha bisogno per sopravvivere nel mondo, il bambino non avrebbe né fiducia né rispetto per questa persona più grande di lui. Dovrebbe imparare tutto sulla propria pelle ma al di fuori della famiglia, perché il genitore sarebbe più interessato a fare l'amico, per evitare la responsabilità di fare il genitore. Alla fine il bambino capirebbe che questo suo amico è solo un genitore irresponsabile mascherato. E se guardiamo alle reciproche concessioni, questo tipo di genitori non dà mai nulla; pertanto come potrebbero aspettarsi di ricevere dai figli una volta che questi siano cresciuti?

Osservando il mondo intorno a noi, la devozione filiale assume molte forme e si basa su vari elementi. Tradizione, obbligo, soldi, qualità della relzione, sono tutti fattori che determineranno quanto un figlio sarà affezionato e provvederà ai bisogni dei genitori quando questi invecchieranno. Tradizione e obbligo sono meno osservati rispetto a un tempo. Il terzo fattore sono i soldi, che compreranno molta devozione filiale esteriore. Ma è solo il rapporto tra genitori e figlio che farà del secondo un sincero amico per sempre, che si occuperà dei suoi con amore e affetto autentici.

Una buona relazione genitore-figlio deve consistere in tre elementi: fiducia, rispetto e unione. Si tratta di fattori che possono essere acquisiti solo svolgendo adeguatamente il ruolo di sovrano, maestro e amico nel corso del viaggio dell'educazione.

Semplici risposte a domande frequenti

CHE COS'È UN GENITORE-AMICO?

Un genitore-amico è chi ha il ruolo di nutrire la connessione genitore-figlio, affinché ciascuno possa godere della compagnia dell'altro. Tale ruolo dà ai genitori l'opportunità di rilassarsi e divertirsi con i propri figli.

PERCHÉ I GENITORI-AMICI HANNO BISOGNO DI CORAGGIO?

Un genitore-amico ha bisogno di coraggio per lasciare da parte autorità e ansia, affinché i suoi "amici" possano imparare e crescere da soli. Ha bisogno di coraggio anche per lottare per ciò in cui crede, ma senza imporre il proprio pensiero agli amici.

QUANDO I GENITORI DEVONO ESSERE AMICI?

I genitori devono comportarsi da amici quando né loro né i figli debbono prendere una decisione. Il genitore dovrà essere amico ogni volta che il bambino vuole giocare, o quando i figli più grandi hanno bisogno di una persona per poter parlare. L'abito da amico, poi, è sempre utile quando i figli cercano una spalla su cui piangere. I genitori devono dare ai figli la possibilità di sentirsi a proprio agio e sicuri, senza timore di essere criticati o giudicati, perché solo allora potranno essere "amici per sempre".

COME DOVREBBE AGIRE UN GENITORE-AMICO CORAGGIOSO?

Vediamo questo esempio. Tua figlia di quindici anni ti dice che l'insegnante ce l'ha con lei e che la tratta in

modo diverso dagli altri in classe. Non ti piace ciò che senti, ma vuoi saperne di più. Una volta feci un *grosso* errore dicendo a mia figlia che nella cultura cinese, se uno studente vuole imparare per bene, deve rispettare l'insegnante e non dire mai nulla contro di lui. Poi non ho più saputo niente di questa situazione, ma in seguito mi resi conto che avrei dovuto fare l'amica per ascoltare, perché gli insegnanti commettono degli errori e possono essere prevenuti o poco professionali.
I genitori-amici dovranno avere il coraggio di ascoltare, con competenze di ascolto attivo, anche cose che non vorrebbero sentire. Essere accanto a un amico significa farlo senza giudicare o criticare. È difficile per noi evitare di giudicare, perché amiamo i nostri figli e vogliamo aiutarli in ogni passo lungo la strada. Tuttavia, un genitore-amico deve imparare a lasciar correre, ascoltare e riconoscere i sentimenti del figlio. Se quest'ultimo vuole che tu gli insegni qualcosa come maestro, sarà lui a chiedere un tuo consiglio o la tua guida.

TERZA PARTE

Il sentiero per vivere con virtù

Educare i figli con la virtù è come fortificarti con la forza interiore che ti consente di sostenere tutte le cose che accadono intorno a te e a loro. Guardando con gli occhi della virtù, potrai capire come mai l'educazione dei figli sia stata una battaglia ardua o, al contrario, una navigazione dolce in tutti questi anni. Ti aiuterà anche a esaminare il passato, il presente e a prevedere il futuro. Coltivando le virtù della benevolenza, della saggezza e del coraggio nell'educare i figli, sapremo essere in contatto con il nostro cuore.

Molti di noi vivono con virtù già da molto prima di diventare genitori. Ma quanto pensiamo consciamente a queste virtù nel momento in cui ci troviamo ad affrontare dei problemi connessi con la crescita dei figli? Virtù ed educazione sono raramente in contatto nella nostra mente perché sembrano molto diverse. La virtù appare come un qualcosa di obsoleto, mentre l'educazione dei figli è un problema attuale. La prima serve a coltivare noi stessi, la seconda è per crescere loro. La virtù sembra astratta, mentre l'educazione è d'ordine pratico. Eppure entrambe cercano di fare la stessa cosa: *agiscono per migliorare le relazioni umane*.

Non è mai troppo tardi per mettere in pratica l'educazione virtuosa dei figli, perché, anche se non c'è molto da fare riguardo al passato, abbiamo ancora il presente e il futuro nelle nostre mani. Eppure, prima di poter davvero coltivare le virtù che desideriamo o cambiare per diventare la persona che intendiamo essere, dobbiamo prendere la strada giusta e imparare i due elementi fondamentali necessari per vivere in modo virtuoso: *consapevolezza e riflessione*. Entrambi ti consentiranno di guardare meglio dentro di te, affinché tu possa essere più conscio di tutte le cose che potresti aver tralasciato o ignorato.

In generale la cultura moderna si consuma tutta al di fuori dell'interiorità. Passiamo quasi tutto il tempo a rincorrere successo e riconoscimento, amore e sicurezza. Siamo abituati a cercare la soddisfazione all'esterno di noi stessi. Ciò che oggi dobbiamo comprendere come genitori è che se smettiamo di inseguire i risultati e ci fermiamo, in noi stessi troveremo ancora la ricchezza che ci aiuterà a raggiungere i nostri obiettivi.

La consapevolezza può essere un concetto estraneo per la maggior parte di noi, soprattutto se non ci concediamo neanche un minuto di riposo durante le nostre giornate affaccendate. Quando diveniamo per la prima volta consapevoli dei nostri pensieri, potrebbe sorprenderci vedere cosa succede dentro e fuori di noi. Cominciando a concentrarci dentro di noi per cercare delle risposte, scopriremo una forza che potremmo già possedere e che è più potente di qualunque tecnica di educazione dei figli che è possibile imparare. È la forza dell'amore dei genitori.

Infine, è importante riflettere sui nostri obiettivi di padri e madri. Secondo Confucio, apprendimento e pensiero devono andare di pari passo. *Imparare senza pensare genera confusione; pensare senza imparare è pericoloso*. Se ci limitiamo a studiare ma non riflettiamo, ci ritroveremo a essere confusi da tutti i suggerimenti che decidiamo di seguire. Se pensiamo solo a cosa fare e non apprendiamo, possiamo risultare pericolosi per i nostri figli. È solo imparando e riflettendo sulle informazioni che riceviamo che possiamo trovare la giusta via.

Capitolo sette

Incarnare la consapevolezza

In un mondo dove si attribuisce grande rilevanza all'esteriorità di una persona e la parte interiore è apprezzata solo di rado, molti si ritroveranno staccati dal proprio io interiore. Dato che sia coltivare le virtù che attuare dei cambiamenti richiede una certa forza dall'interno, dovremo cominciare proprio dalla consapevolezza del nostro io interiore. La consapevolezza è la capacità di essere vigili all'interno e all'esterno. Significa essere presenti a ciò che stiamo facendo e conoscere la motivazione che ci spinge a fare quelle cose.

Raramente gli argomenti presentati in questo capitolo sono menzionati nei testi di pedagogia. Si tratta di temi che non ti forniranno soluzioni pronte per i problemi quotidiani connessi con l'educazione. *Aiutano semplicemente a preparare mente e spirito a testimoniare il perché, il cosa e il come della tua esperienza di genitore.*

Essere conscio di cosa succede davvero nella tua mente è fondamentale; di tale consapevolezza avrai bisogno come base per una buona strategia educativa. *Nell'arte della guerra*[3] Sun Zu disse: «Se conosci *te stesso* e l'altra parte, hai il cento per cento di possibilità di vincere». Non intendo dire che quella con tuo figlio sia una guerra, ma l'educazione comporta una strate-

[3] Sun Zu, *L'arte della guerra*, Edizioni Mediterranee, Roma 2002 (*N.d.R.*).

gia e a volte la battaglia più importante da vincere nell'esperienza dei genitori è quella dentro se stessi. Prima di imparare come diventare il genitore migliore che vuoi essere, dovrai liberarti dei pensieri cattivi o improduttivi dentro di te. Essendo più consapevole di ciò che accade nella tua mente e in quella di tuo figlio, sarà più facile esplorare la tua guida interiore e sapere che direzione prendere.

La consapevolezza può essere illuminante se la usi per fare chiarezza, ma, allo stesso tempo, può essere anche un'esperienza sgradevole se vedi cose che potrebbero non essere ciò che vorresti vedere.

CONSAPEVOLE DEL PASSATO E DEL FUTURO

Nell'educazione dei figli, ciò che è successo ieri e che succederà domani giocano entrambi un ruolo molto importante nel modo in cui affrontiamo oggi le questioni contingenti. Guardare al passato e guardare oltre quel che accade in questa determinata situazione ci consente di concentrarci su ciò che è più importante del dilemma educativo del momento. Ci dà l'opportunità di ricordare in primo luogo per quale motivo siamo qui e in che modo le azioni di oggi influiranno sui nostri giorni (e quelli di nostro figlio) a venire.

NESSUN INVITO

Se inviti qualcuno a venire a vivere nel tuo Paese,
hai l'obbligo di trattarlo bene.

(*Analecta* 16.1)

Confucio non si riferiva ai figli parlando di "qualcuno" in questa citazione, ma a coloro che i re invitavano a vivere nel loro Paese. Il significato, tuttavia, è ancora attinente ai genitori: se inviti qualcuno nel tuo territorio, divieni l'anfitrione e sei obbligato a trattare l'ospite bene.

A prescindere dall'amare o detestare il ruolo di genitore, probabilmente hai cominciato come tutti gli altri. Non intendo dire biologicamente, mi riferisco al fatto di aver convocato i figli nella tua vita, ma senza biglietto di invito. Non avevi neanche bisogno di una delega da tuo figlio prima di prendere decisioni per lui essenziali. Fin dall'inizio, dalla scelta del nome al primo vaccino, avevi il diritto di scegliere cosa fosse meglio per lui. Gli hai fornito volontariamente tutto ciò che hai scelto di dargli. Lui non ha mai preteso una ninnananna o una giornata al parco (le cose che scegli di dare a un neonato che piange o urla sono un'altra faccenda) e forse sei stato tu a scegliere di avere due lavori perché lui potesse frequentare l'università dei sogni.

Dalla nascita a quando un figlio diviene legalmente indipendente, rimarresti esterrefatto se sapessi quanto devi spendere per lui in termini di denaro. Se questo non è così rilevante per te, possiamo considerare tutte quelle ore preziose che hai speso per dargli le cure più amorevoli: le innumerevoli notti che sei stato sveglio affinché i vicini e tuo marito (o tua moglie) potessero dormire tranquillamente. Oppure quei sacrifici che hanno finito quasi per farti perdere l'identità. Dopo tutto, sarà quasi impossibile presentare a tuo figlio una lista dettagliata di quello che hai fatto per lui, quando vorrai riscuotere il premio che meriti.

Spesso sentiamo genitori che si lamentano perché i figli sono ingrati, che non mostrano di essere riconoscenti o di apprezzare quanto viene fatto per loro. Questo ci porta di nuovo al tema della devozione filiale. Nell'antica cultura cinese i figli erano obbligati a ripagare i genitori con assistenza e obbedienza. La devozione filiale non era certo un'opzione. Nel capitolo precedente abbiamo parlato di devozione assoluta, ma è importante anche essere consapevoli di cosa indica davvero l'espressione "devozione filiale".

In cinese il termine è *xian shun* e si compone di due caratteri con significati totalmente differenti. *Xian* significa "amare e aver cura dei propri genitori", mentre *shun* indica "obbedienza e accondiscendenza". Quando le due parole vengono unite, producono il risultato migliore. Nell'antica cultura cinese i figli adulti (che in questo capitolo definirò solo "figli") dovevano prendersi cura dei genitori con rispetto e disponibilità sinceri, indipendentemente dal tipo di rapporto che avevano avuto crescendo.

Nel mondo di oggi molti figli osservano ancora la devozione filiale, ma la maggior parte sono in grado solo di onorare uno dei due genitori. Coloro che seguono lo *xian* sono gli unici che amano e si prendono cura dei genitori nel miglior modo possibile. Lo *xian*, per esempio, può esprimersi chiamando tua madre o tuo padre solo per dire loro «ti voglio bene», portandoli a fare un viaggio o andando insieme in un luogo di loro scelta, oppure vendendo la tua macchina per acquistare delle apparecchiature mediche per tuo padre. *Shun*, dall'altra parte, significa agire secondo la volontà dei genitori. In altre parole è fare tutto secondo le loro indicazioni. Non importa se vuoi loro bene o no, è l'obbedienza quello che conta.

Lo *shun* è molto più difficile da trovare oggi perché l'obbedienza assoluta non esiste in una società democratica. A differenza di un tempo, adesso abbiamo la possibilità di combattere per i nostri diritti contro le autorità ingiuste. Non importa se sei il presidente, il capo, l'insegnante, il genitore o chiunque altro in una posizione di autorità: sarai ritenuto responsabile delle cose che fai. Ciò che fai è più importante di quello che sei, se vuoi essere rispettato dai subalterni. Questi ultimi, poi, non sono obbligati a rispettare e obbedire ai superiori come si faceva un tempo.

Oggi in Cina e in America vediamo ancora dei ragazzi che osservano la devozione filiale, ma non si tratta più di un obbligo. Sono due le condizioni che devono essere rispettate. La prima è un buon rapporto tra figlio e genitore. La seconda è la dipendenza finanziaria, che comprende solo lo *shun*, non lo *xian*, e che è più comune nella famiglia di tipo orientale che in quella occidentale.

Per quanto suoni triste, oggi i genitori non possono pretendere la devozione filiale; devono impegnarsi per ottenerla. Probabilmente questo non suonerà giusto a molti genitori, che preferirebbero senz'altro cancellare la devozione filiale dalla lista dei desideri, piuttosto che dover faticare per conquistarla. «Perché mai dovrei prendermi la briga di sforzarmi per la devozione filiale da parte dei miei figli? Ho la mia previdenza sociale, il fondo pensione, il coniuge e amici a sufficienza di cui circondarmi quando andrò in pensione. Sarebbe bello che i miei figli rispettassero la devozione filiale ma, se non lo fanno, non importa. Sono una persona indipendente». Questa potrebbe essere una risposta abbastanza comune tra i genitori moderni. Ma riflettiamoci ancora. Quando parliamo di devozione filiale, non ci riferiamo esattamente a un consulente finanziario, a una badante o a qualcuno che ci mandi un bigliettino d'auguri per la Festa del Papà o della Mamma. Stiamo parlando della qualità della relazione con un essere umano che abbiamo messo al mondo, che ha i nostri stessi geni e ci ama ancora, pur essendo finanziariamente ed emotivamente indipendente da noi.

Mi riferisco quindi a quella speciale relazione tra un genitore e un figlio. Magari lui non ce l'ha fatta con la grande università che sognava oppure non è diventato il pianista che tu desideravi, ma è l'unica persona che usa i risparmi per comprarti un letto nuovo per dormire meglio, o che mette una coperta sul tuo corpo ottantenne quando ti addormenti davanti alla televisione. L'amore tra genitori e figli è ciò che rende tutto il sacrificio di essere genitori un'esperienza proficua e gratificante.

Come genitori, di solito prendiamo le cose come vengono perché sembra sempre che ci siano troppi eventi contemporaneamente, quando i figli sono insieme a noi. Vogliamo amare i nostri figli, vogliamo educarli, insegnare loro mille cose, vogliamo che siano sani (fisicamente e mentalmente), che siano entusiasti e allegri. Vogliamo renderli felici ma senza viziarli, bravi a scuola ma anche nell'arte e nella musica, vogliamo fare la cosa giusta al momento giusto con i risultati migliori. E tutto questo non è che l'educazione dei figli, ma poi c'è tutto il resto: la salute, il matrimonio, la situazione economica, il lavoro ecc.

Siamo costantemente sopraffatti dalle cose nella nostra vita. Dobbiamo ricordare, però, di portare la consapevolezza nel nostro io interiore per tutto il giorno, per poter agire con chiarezza. Se ti è capitato di viaggiare in aereo con un lattante, saprai senz'altro quanto ci si sente frustrati quando tuo figlio comincia a urlare e a piangere solo perché non può uscire dal suo posto. Tu sei consapevole che tutte le altre persone fanno finta di non far caso al rumore, dell'hostess che finge di sorridere ogni volta che passa, del film sullo schermo che dovrebbe essere divertente, e senza dubbio sei consapevole delle sue urla stridule. Sei consapevole di molte cose, ma non lo sei di una in particolare: spesso sei troppo stanco e affaccendato per renderti conto di ciò che accade *dentro* di te.

Probabilmente non sei consapevole della stanchezza e della rabbia (che potrebbero anche non essere collegate a tuo figlio) che ti hanno provocato una reazione assurda con il tuo bambino, che vuole solo camminare un po' per l'aereo. Potresti non essere consapevole dell'imbarazzo e dell'impotenza che ti causano irritazione e agitazione. Se è così, *hai perso il centro del tuo controllo interiore*. Se la tua mente non è in silenzio, anche solo per qualche momento, qualunque cosa tu faccia sarà una reazione, non una risposta, alla situazione.

Confucio e la lucidità del pensiero

Nei suoi insegnamenti Confucio poneva spesso l'accento sull'importanza del pensiero. Il suo discepolo, Mencio, disse una volta: *Pensando si conquista qualcosa. Senza pensare non si conquista niente*. E anche: *Senza pensare, gli occhi e le orecchie sono celati dalle cose*. Se ci rifletti, in effetti pensare è più importante che imparare tutte le informazioni sull'educazione che ci pongono di fronte i testi sull'argomento, perché, secondo Confucio, *coloro che imparano ma non pensano saranno confusi*. Forse è per questo che molti genitori moderni sono disorientati nell'educazione da impartire ai figli.

Tuttavia anche pensare può confondere, qualora abbiamo la mente pressata da troppi pensieri. Influenzato dalla meditazione buddhista e taoista, durante la dinastia Sung (960-1279), il neoconfucianesimo sviluppò la propria interpretazione della contemplazione e concentrazione spirituale, finalizzata a calmare la mente come via verso la sincerità e l'illuminazione. Molti confuciani cominciarono a promuovere un metodo speciale detto "seduta calma" o "sedere tranquillamente" nella meditazione (*Jingzuo*), che ritenevano fosse un metodo efficace per valutare il proprio apprendimento. La seduta calma è considerata una tecnica utile agli studenti per ottenere conoscenza e coltivare il sé. Confucio disse anche che le persone benevole hanno una predilezione per la quiete, amano la montagna (*Analecta* 6.23) e sono calme e serene (*Analecta* 7.36). Le persone sagge, d'altro canto, amano l'acqua. Questo spiega perché molti dipinti cinesi presentano le montagne e l'acqua come temi ricorrenti.

Molti genitori, soprattutto chi lo è da poco, si renderanno conto che nel mondo stressante e accelerato di oggi non è facile raggiungere la calma e la serenità. La lucidità del pensiero si può ottenere solo fermandosi e meditando, anche solo per dieci minuti al giorno. Non importa se mediti mentre cammini, stai seduto o sdraiato: l'obiettivo è far riposare la mente. Milioni di persone in tutto il mondo praticano vari tipi di meditazione. Per alcuni è un modo di rilassarsi e godersi la vita appieno; per altri è una lotta seria per raggiungere l'identità con uno spirito più alto. Il motivo per cui parlo di meditazione in questo contesto non è di natura religiosa; voglio solo che siate in grado di imparare ad avere la mente lucida quando avete a che fare con i dubbi legati all'educazione dei figli. In questa sezione vedrete in che modo la meditazione può essere d'aiuto anche in situazioni come l'esempio del bimbo che piange sull'aereo.

Se la mente è sgombra, possiamo essere consapevoli dei nostri pensieri. Puoi praticare la meditazione in autobus, sull'aereo, in cucina (ma quando non stai cucinando). Devi solo chiudere gli occhi ed entrare in uno stato d'animo concentrato. Sarai sorpreso di renderti conto di ciò che accade dentro di te. Se lasci tranquilli corpo e mente, sedendo in tranquillità e meditando, sentirai che ciascuno dei due entrerà in sintonia con l'altro. Adesso non corrono più in direzioni differenti. Questa armonia ti aiuterà a raggiungere il prossimo stadio della consapevolezza. Ti consentirà di essere conscio dei tuoi sentimenti, emozioni e stati d'animo.

Di solito le nostre risposte a un bambino che urla o a un adolescente maleducato sono così confuse che finiamo per reagire senza lucidità di pensiero. Ho visto genitori urlare per un bambino che piangeva sull'aereo o in altri luoghi pubblici dove un bimbo in piena crisi di pianto può creare imbarazzo. Alcuni arrivano anche a minacciare il figlio con la forza. Molte volte questo non è che l'inizio di un vero incubo. Dopo un po', infatti, il bambino non fa che continuare a piangere, anche se forse ha dimenticato il motivo per cui piangeva prima. Ben presto anche tutti gli altri passeggeri avranno bisogno di meditare per rimanere calmi e mantenere i propri pensieri sotto controllo.

Una mente lucida ci consentirà di riconoscere i nostri pensieri e di ricordare il potere di benevolenza, saggezza e coraggio per ottenere dei risultati. Saremo forse meno arrabbiati quando sapremo che nostro figlio è stanco e disorientato come noi, che è spaventato dal rumore assordante del motore e stufo di stare legato al sedile da due ore. Non è un compito semplice quello di tenere tranquillo e sereno un bambino sull'aereo, ma sarà più semplice se *noi* stessi rimaniamo tranquilli e sereni.

Quando la mente è calma, anche se l'ambiente circostante è rumoroso, possiamo pensare con maggiore lucidità e quindi essere in grado di trovare la saggezza necessaria per risolvere i problemi. Invece di sgridare il bambino che piange sull'aereo, dovremmo essere i primi a stare calmi. Una volta rilassata la mente, possiamo prendere in considerazione dei metodi per tranquillizzare nostro figlio, magari distraendolo con dei giocattoli nuovi, facendolo disegnare, soddisfacendo la sua curiosità o stimolandola dando nomi alle persone o alle cose. Si tratta comunque di un compito difficile, ma almeno è meglio che stare seduti in preda a confusione e frustrazione, che non fanno altro che provocare ulteriori capricci del bambino, perché anche lui avverte le nostre sensazioni.

Illuminazione

Quando consentiamo alla mente di riposare, le diamo anche la possibilità di aprirsi all'*illuminazione*, il momento in cui, d'un tratto, vediamo la luce alla fine del tunnel. Nell'educazione dei figli l'illuminazione significa scorgere un approccio nuovo e migliore a un problema esistente. Se abbiamo la mente stipata di vecchi pensieri, non c'è più spazio da nessuna parte per nuove idee. Quello è il momento in cui c'è bisogno di rimanere tranquilli e abbandonare molti dei vecchi pensieri per far posto a idee nuove e fresche.

Non ti demoralizzare se cerchi di meditare e la tua mente non sembra calma e "vuota" come ti aspettavi. Lascia solo i pensieri fluttuare dentro e fuori della mente, ma non provare a controllarli. Per chi è particolarmente occupato e pensa di non avere quindici minuti liberi, si possono ridurre anche a dieci. Chiudi gli occhi e immagina di galleggiare sull'acqua e di fluttuare nell'aria. Tutto quello che ti serve è una buona idea che ti possa illuminare (un po' come avviene nei fumetti): troverai sicuramente i tuoi quindici minuti giornalieri.

Prima di tutto dobbiamo coltivare le tre virtù della benevolenza, della saggezza e del coraggio, poi essere consapevoli di qualunque problema dei nostri figli e di noi stessi. Rimani calmo e lucido con i tuoi pensieri (anche con un bambino che ti urla accanto) e aspetta l'illuminazione che ti aiuterà a portare l'educazione dei tuoi figli a un livello più elevato.

Semplici risposte a domande frequenti

Che cos'è la consapevolezza?

La consapevolezza è uno stato d'animo che ci consente di essere consci di quello che sta accadendo nella nostra vita; non solo ciò che succede di fronte, ma anche dietro e vicino a quanto vediamo giornalmente.

Perché abbiamo bisogno di consapevolezza?

Abbiamo bisogno di consapevolezza per poter vedere le cose sia positive sia negative che accadono tra i nostri figli e noi. Solo per mezzo della consapevolezza possiamo riconoscere i problemi che non abbiamo visto prima e capire in che modo la virtù o la mancanza di virtù può fare la differenza.

Quando abbiamo bisogno di consapevolezza?

Abbiamo bisogno di consapevolezza quando ci sentiamo confusi e non riusciamo a vedere la radice dei problemi che abbiamo di fronte. Abbiamo bisogno di consapevolezza per poterci concentrare di nuovo sull'origine dei problemi; in tal modo possiamo essere illuminati dalle giuste soluzioni ai nostri problemi di educazione.

Che tipo di aiuto dà la consapevolezza nell'educazione dei figli?

Vediamo questo esempio. Tuo figlio, che ha quattro anni, ha rovesciato il latte per la terza volta in una settimana. La cosa ti secca e cominci a spazientirti. Gridare e punire il bambino perché non ha fatto attenzione lo farà innervosire ulteriormente, e questo lo renderà ancora più maldestro e sbadato. Se non fai che criticarlo e ricordargli che è sempre distratto, alla fine crederà davvero di essere maldestro e continuerà a comportarsi in questo modo. Comincia invece ad acquisire consapevolezza di ciò che potresti aver fatto per causare un comportamento del genere. Considera che il bambino ha solo quattro anni e che magari sta provando a evitare di rovesciare di nuovo il latte, anche se forse non si nota. Se hai l'impressione che il tuo livello di rabbia sia molto al di sopra del normale, hai bisogno di essere consapevole anche della vera ragione di base: è la macchia sul tappeto nuovo? L'imbarazzo di fronte agli amici? Forse puoi insegnare al bambino ad allontanare il bicchiere dalle mani o ad accorgersi delle cose che ha intorno: potrebbe essere una soluzione.

Capitolo otto

Riflettere sui propri obiettivi

Per raggiungere l'ultimo obiettivo dell'educazione dei figli dobbiamo riflettere, tornare indietro e capire come abbiamo agito finora e in che direzione dobbiamo andare in futuro. Il fine di questo capitolo è imparare ad armonizzare le azioni con gli scopi perché, se non procedono nella stessa direzione, non riuscirai a goderti il viaggio e non arriverai mai alla destinazione prescelta.

Rifletti sui tuoi obiettivi

Siamo tutti differenti ed è impossibile generalizzare e dare un profilo unico del genitore efficace. I lettori di questo libro, ad esempio, avranno la propria combinazione di personalità, educazione, bagaglio culturale, conquiste personali e molto altro, ma c'è sicuramente un elemento che li accomuna tutti: l'obiettivo di diventare genitori migliori.

Per raggiungere questo scopo occorre valutare onestamente quali sono i nostri obiettivi attuali. Molti di noi, me compresa molti anni fa, cercano di crescere un figlio ideale. Forse i figli che abbiamo sono bravi, addirittura meravigliosi, ma secondo noi ci sono sempre molte cose da migliorare. Consciamente o inconsciamente, pensiamo che dovrebbero essere più obbedienti, socievoli, più bravi a scuola, impegnarsi di più al pianoforte, violino, calcio, basket, nuoto, disegno, canto, migliorare nel modo di camminare, parlare ecc. Occorre renderci conto, però, che gran parte di ciò che sogniamo per i nostri figli è irrealizzabile. Dovremmo avere obiettivi più ragionevoli per loro, e per noi stessi come genitori.

Conoscere... amare... divertirsi

Conoscere non è bello come amare;
amare non è bello come divertirsi.

(*Analecta* 6.20)

Queste dodici parole di Confucio mi hanno indotto a riflettere su come percepisco la conoscenza. Mi riferisco a qualunque tipo di conoscenza, cucinare, cantare, nuotare, dipingere o anche la cosa più importante in questo contesto: educare i figli. Di tutto quello che impariamo a fare nella vita, difficilmente ci sono cose che continuiamo ad approfondire una volta che sappiamo fare ciò che ci interessa. Impariamo a disegnare alla scuola materna, a guidare quando andiamo alle superiori, a cucinare quando ne abbiamo bisogno, impariamo a cantare quando tutti i nostri amici si divertono con il karaoke e infine impariamo a essere genitori quando abbiamo un figlio. Ma vogliamo solo *saperle* fare tutte queste cose? Vogliamo *amare* farle? O vogliamo anche *divertirci* a farle?

Non pensare di essere in errore se non ami o non ti divertono le competenze che hai acquisito in tutta la vita, perché già l'apprendimento è di per sé ammirevole. *Per Confucio, chi è nato con la conoscenza, è di grande levatura. Chi acquisisce la conoscenza per amore di studio, è un grado più sotto. Chi acquisisce la conoscenza quando è confuso, è al livello seguente. Chi rifiuta di acquisire la conoscenza quando è confuso, è al livello più basso* (*Analecta* 16.9). Nell'educazione dei figli alcuni genitori sono migliori, nel senso che sono più pazienti, più indulgenti o più cordiali. Poi ci sono quelle persone che si sono preparate alla perfezione prima che si presentasse anche il minimo accenno di problema nella crescita dei figli. Seguono quelli che si precipitano a comprare tutti i libri di pedagogia possibili perché stanno perdendo il controllo della situazione a casa. Infine ci sono quelli a cui tutto ciò non interessa.

Crescere un figlio è un'arte e, paragonando un genitore a un pittore, un papà o una mamma possono essere o artisti o meri pittori. Ma che cos'è che rende diverso un pittore da un artista? Un artista mette il cuore nel disegnare il suo capolavoro e, malgrado tutte le difficoltà che gli si possano presentare, si gode ogni tratto del pennello. Non è sicuro di come sarà il prodotto finale, ma mette la passione nel lavoro, perché sa che in questo modo un giorno sarà in grado di produrre la migliore opera possibile. Gli artisti conoscono ciò che fanno, amano ciò che fanno, si godono ciò che fanno e non mollano mai. I pittori imparano solo a dipingere; non hanno neanche bisogno di amare la pittura o di godersi il procedimento in corso. Come genitori possiamo essere meri pittori oppure artisti. Vediamo un altro esempio.

Sin dalla scuola elementare Ken desiderava diventare un grande pianista.

Il suo sogno era di essere sul palco in smoking e di suonare il pianoforte a coda. Purtroppo non era esattamente un musicista di talento. Il suo insegnante di piano ne ammirava l'impegno, ma ammetteva che progrediva molto più lentamente di tanti altri allievi. A dodici anni Ken ebbe finalmente la prima opportunità di suonare su un palco in smoking. Aveva vinto un concorso per pianisti dai sei ai dodici anni. Era molto più grande della maggior parte dei concorrenti e non era affatto un grande pianista, ma era senz'altro un artista che meritava di essere premiato per aver raggiunto il livello più alto di "divertimento" suonando il piano.

In sintesi, Ken non era nato con un talento per la musica, ma intendeva imparare per amore di studio e per il gusto dell'arte. Non solo imparò a suonare il piano, ma amava anche suonare, anche se doveva esercitarsi il doppio degli altri. Soprattutto, si godeva quell'esperienza perché poteva vedere i miglioramenti giorno dopo giorno.

Molti genitori sono come Ken, lottano per qualcosa che amano fare, ma non hanno talento. Quando sorgono i problemi, si impegnano per raggiungere i loro obiettivi. Il fatto è che sono tanti i genitori che si pongono mete non adeguate alle loro capacità e quindi non riescono a godersi ciò che fanno. Se l'obiettivo di Ken fosse stato quello di suonare alla Carnegie Hall entro i dodici anni, non si sarebbe goduto l'esperienza di suonare il piano perché, malgrado il talento e l'impegno, non ci sarebbe mai arrivato e quindi non avrebbe mai raggiunto il suo obiettivo. Sarebbe stata una tortura per lui.

Con questo esempio possiamo renderci conto di quanto sia importante avere mete realistiche e raggiungibili. Se vuoi imparare, amare e goderti l'esperienza di essere genitore, devi saper diventare un artista, perché allora farai tutto il possibile per dipingere quel bellissimo quadro che desideri. Ti impegnerai a fondo per superare le difficoltà, insisterai anche se dovrai ricominciare tutto da capo quando il quadro non viene bene. E durante tutto il processo amerai ciò che stai facendo e ti godrai ogni momento dell'esperienza. Tutti possono essere degli artisti quando diventano genitori. La sfida più grande sta nell'essere capaci di riflettere e visualizzare (anche quando sei in preda alla disperazione) il capolavoro che vuoi dipingere per quando tuo figlio sarà adulto. Adesso chiudi gli occhi e prova a vedere tuo figlio il giorno del diciottesimo compleanno. Questa immagine è il tuo obiettivo e stabilire l'obiettivo giusto ti darà la direzione da seguire per persistere e produrre il bel quadro che desideri. Tuttavia, di tanto in tanto, dovrai confrontarti con la realtà per vedere se i tuoi scopi sono realistici. Non vale la pena sacrificare la relazione solo per creare il "figlio dei sogni".

Cambiare non è mai stato facile, è un qualcosa che ci fa uscire dall'area nella quale ci muoviamo a nostro agio, comporta nuovi rischi e nuove cose da imparare. Ma è allora che abbiamo bisogno della virtù del *coraggio* per uscire dall'ambito che ci è familiare e andare verso il cambiamento; della virtù della *saggezza* per riflettere e comprendere le conseguenze potenziali del nostro stile educativo; infine della virtù della *benevolenza* per avere il desiderio di cambiare. Solo correggendo la mente con le virtù sapremo veramente perché vogliamo cambiare, e solo riflettendo su tale motivazione possiamo avere la forza per farlo.

Anche se segui il cuore e attui il cambiamento, non c'è comunque garanzia di vincere il premio per il "Migliore genitore dell'anno". Ma una cosa è certa: sarai un genitore migliore che dipinge il ritratto di un figlio migliore.

Semplici risposte a domande frequenti

Che cos'è la riflessione?

La riflessione è una valutazione onesta delle nostre azioni e intenzioni. È come vedere se stessi allo specchio e fare un'analisi della realtà.

Perché abbiamo bisogno della riflessione?

Abbiamo bisogno della riflessione per poter vedere cosa abbiamo fatto e in che modo siamo arrivati dove ci troviamo adesso. La riflessione serve a visualizzare chiaramente l'obiettivo e le intenzioni. Solo con la riflessione possiamo permettere alle virtù di aiutarci a stabilire lo scopo adeguato e ad avere la giusta intenzione per la migliore esperienza educativa possibile.

Quando abbiamo bisogno della riflessione?

Abbiamo bisogno della riflessione quando ci sentiamo persi e non sappiamo dove andare. Riflettere sul nostro obiettivo di genitori è come trovare una meta. Solo quando sappiamo dove vogliamo andare, sapremo trovare il modo per andarci. E se non ci interessa dove ci stiamo dirigendo, non c'è percorso che possa condurci alla meta.

Che tipo di aiuto dà la riflessione nell'educazione dei figli?

Vediamo questo esempio. Tua figlia, che ha vent'anni, è innamorata di un giovane che a te non piace. Ti senti perso e demoralizzato perché la ragazza non ti parla e non ti ascolta più. Si tratta di una caso che merita una riflessione onesta. Perché ti disturba il ragazzo di tua figlia? Forse perché non rientra nel quadro del tuo genero ideale oppure perché non credi che lui l'ami davvero e la possa rendere felice? Una riflessione sincera ti aiuterà a capire le tue vere intenzioni.

A questo punto potrai scegliere quale ruolo giocare. Se la tua intenzione è quella di gratificarti, assumi il ruolo del sovrano per farli lasciare, così avrai la possibilità di trovare il genero ideale. Tuttavia, se anche prendendo la parte del sovrano autoritario ed egocentrico riesci a ottenere il ragazzo che desideri per tua figlia, questo potrebbe avvenire a prezzo della felicità della ragazza. Se invece il fine è la felicità di tua figlia, dovrai essere il maestro. In una situazione del genere, invece, limitarsi ad ascoltare come un amico non è sufficiente. Un genitore saggio dovrà insegnare con attenzione, portare il figlio a riflettere e a prendere le proprie decisioni in modo assennato.

È ora di fare il maestro e guidare tua figlia affinché veda con chiarezza quali sono le tue preoccupazioni. Non è certo facile come togliere un giocattolo a un bambino di tre anni, ma un maestro saggio dovrebbe essere capace di aiutare una giovane donna innamorata a prevedere il suo futuro e a pensare con attenzione alle conseguenze delle sue decisioni. Un buon rapporto genitore-figlio è più importante di qualunque altra cosa in una situazione del genere. Nei momenti critici fai attenzione a non distruggere mai il ponte che ti unisce a tuo figlio. La chiave sta nella relazione. Dopo tutti gli insegnamenti del caso, cerca di riconciliarti in qualunque modo possibile e accetta la scelta di tua figlia e la persona che ama. Del resto, come rilevato in precedenza, anche gli insegnanti possono fare degli errori e gli studenti hanno tutto il diritto di scegliere quel che è meglio per loro.

CONCLUSIONE

Ho scritto questo libro per condividere con il lettore la mia esperienza di genitore, illuminata dalla saggezza di Confucio. Non è mia intenzione invocare o approfondire in nessuno il sentimento di colpa o di biasimo verso se stesso, ma piuttosto suscitare consapevolezza e ispirazione per raggiungere le tre virtù dell'educazione dei figli.

Da troppo tempo tali virtù vengono dimenticate, se non criticate come obsolete o limitanti. Tuttavia io ho scoperto che la virtù, come era duemila anni fa, è senza tempo e universale e che può migliorare davvero i rapporti umani. Guardando con gli occhi della virtù, abbiamo effettivamente più libertà di scelta e più opzioni a disposizione. Oggi possiamo preferire liberamente il percorso giusto evitando quello sbagliato.

In un mondo in cui siamo abituati alla gratificazione istantanea, il processo graduale della coltivazione dell'io può essere una sfida per molte persone. Per fortuna, malgrado quella operata dalla virtù sia una trasformazione lenta, anche il premio può essere in un certo senso una gratificazione improvvisa. Un abbraccio da parte di una figlia "ormai persa", l'obbedienza di un figlio ribelle, un rapporto genitore-figlio che non c'era mai stato prima: tutte queste possono sembrare gratificazioni immediate per un genitore che ha dedicato del tempo a scoprire il potere delle virtù nell'educazione dei figli. Le risposte positive da parte di questi ultimi genereranno altri sentimenti d'amore, che a loro volta ispireranno un ulteriore progresso. Magari ci vorrà del tempo per acquisire lo slancio necessario, ma una volta giunti lì, le gratificazioni saranno numerose e onnicomprensive. D'altronde, se proviamo ad arrivarci in tutta fretta e senza virtù, potremmo anche non raggiungere mai la meta.

Nella cultura odierna si parla spesso di cambiare il proprio corpo o il viso. Molti ricercano addirittura la "metamorfosi estrema" per poter avere un aspetto esteriore più gradevole. Forse, però, è tempo di dedicarci a trasformare l'io interiore e coltivare l'eccellenza del sé. In qualità di genitori, questa potrebbe essere la trasformazione più importante che cambia la vita completamente.

Come per tutti i tipi di cambiamento radicale, prima cominciamo e minori saranno i danni da riparare. Ma, ricorda, non è *mai* troppo tardi per migliorare il rapporto con i figli. Anche per chi li ha ormai adulti, coltivare le virtù sarà sempre il primo passo per una relazione migliore e più affettuosa con le persone che rimarranno sempre sue figlie.

Confucio riteneva che un mondo migliore e felice cominciasse coltivando l'io di una persona. Nel libro *The Way of Virtue*, James Vollbracht sottolinea che «quando il singolo avrà acquisito per primo la virtù, allora potrà trasformare la propria famiglia, la comunità, il proprio Paese, il mondo [...] e quando anche altri avranno acquisito la virtù, alla fine si avrà una massa critica virtuosa all'interno della comunità e della cultura; una massa critica dotata di potenza e di forza che spingerà la cultura a nuove altezze nelle arti, nella scienza, nella religione, nel commercio e nell'esistenza». Può sembrare un po' troppo idealistico, ma se ci pensi, questo inizio e il suo effetto sono l'unico modo per rendere la benevolenza un'alternativa alla violenza che sembra prevalere nella società odierna.

Come cittadini del mondo è nostra responsabilità crescere bene la prossima generazione, ma non possiamo fare tutto da soli. Dobbiamo tutti insieme imporre la tendenza (o essere «vento», come diceva Confucio) e spingere gli altri a incarnare le virtù nell'educazione dei figli. Il motivo è semplice. Non importa quanto ci impegniamo per prendercene cura e proteggerli, perché basta un genitore che non insegna al figlio a rispettare la vita degli altri o un genitore che non riesce a essere un maestro responsabile per rovinare tutto. E nostro figlio potrebbe anche rimanere coinvolto nel prossimo episodio di violenza scolastica o di lite tra automobilisti. Così come siamo tutti toccati dalla violenza del mondo, saremo a maggior ragione capaci di condividere l'amore e la cordialità presenti nel cuore di ognuno.

È tempo che i genitori si uniscano e abbraccino la benevolenza, la saggezza e il coraggio nell'educazione dei figli. Condividi la tua scoperta con altri genitori e fai la differenza. Concludendo, vorrei renderti partecipe di una meravigliosa citazione di Helen Keller:

Sono solo una, però sono una.
Non posso fare tutto, ma posso fare qualcosa.
Non rifiuterò di fare quel qualcosa che posso fare.

È possibile che non riusciamo a fare tutto, ma, per favore, non rifiutare quel qualcosa che puoi fare per i tuoi figli.

BIBLIOGRAFIA

Ames L.A., Baker S., *Child Behavior*, Harper Collins, New York 1992.

Ames R., *The Analects of Confucius: A Philosophical Translation*, Ballantine Books, New York 1998.

Chen L.F., *The Confucian Way*, Kegan Paul, London 1986.

Goldstein R., *Stop Treating Me Like a Kid*, Penguin, New York 1994.

Henry C., Townsend J., *Boundaries with Kids*, Zondervan, Grand Rapids (Michigan) 1998.

Huang C., *The Analects of Confucius*, Oxford University Press, New York 1997.

Karim H., *Creating Power*, New York 2002.

Lau D.C., *Confucius: The Analects*, Penguin Books, London 1979.

Leys S., *The Analects of Confucius*, Norton & Co., New York 1997.

Moore J.O., *Understanding Confucianism*, Duncan Baird Publishing Ltd., Winchester (UK) 2003.

Sandoz B., *Parachutes for Parents*, Contemporary Books, Chicago 1997.

Severe S., *How to Behave so Your Children will Too*, Viking Books, New York 2000.

Simpkins Al., Simpkins An., *Simple Confucianism: A Guide to Living Virtuously*, Tuttle Publishing, Boston 2000.

Vollbracht J., *The Way of Virtue*, Humanics Trade Group, Atlanta 1995.

Waley A., *The Analects of Confucius*, Vintage Books, New York 1989.

Wolf A., *Get Out of My Life but First Could You Drive Me Cheryl to the Mall: A Parent's Guide to the New Teenager*, Farrer Straus Giroux, New York 2002.

Yutang L., *The Wisdom of Confucius*, Random House, New York 1994.

Placide Gaboury

MANUALE PRATICO DELL'EVOLUZIONE INTERIORE

Una guida alla ricerca del Sé

Questo libro è stato scritto soprattutto per coloro che desiderano impegnarsi in una ricerca sul cammino spirituale. È indirizzato a quelle persone che stanno cercando un'esperienza interiore e personale, libera e aperta su tradizioni diverse.

Inoltre, può servire come accompagnamento a coloro che, in mancanza di un maestro, debbono risolvere da soli i loro problemi spirituali.

L'Autore prende in considerazione la maggior parte degli aspetti della vita interiore, ma senza mai dissociarli dalla vita più concreta, creando un percorso circolare in cui si alternano e si confrontano questioni teoriche e pratiche.

Questi alcuni dei temi trattati:

• La Spiritualità pura • La Via • Il Ritorno • Nutrimento e corpo • Ci vuole un Guru • Note sul Sé • Silenzio, solitudine, meditazione • Il gruppo spirituale • Niente e nessuno mi può impedire di crescere • Il Cristo-Sé • Il mentale è bugiardo • La Comunione piena • Karma - La preghiera • La contemplazione • Il Sé non soffre • La ricerca della felicità • Morire • Amare • Credenza e fede • Azione e inazione • Avidya • Dall'interno della prigione • Lo psichico e lo spirituale • La prossima tappa dell'uomo

---

John Mumford con Meghan Stevens
MANUALE DEL KARMA
Verso una vita più felice
9 giorni per trasformare la vostra esistenza

Molti occidentali considerano il Karma una punizione per gli errori commessi alla quale è impossibile sfuggire o, peggio, un incancellabile debito del passato.
In verità il Karma non è una sorta di "spada di Damocle" e non ha niente a che vedere con parole come condanna, giudizio o destino.
Attraverso quest'opera scoprirete che cos'è veramente il Karma e imparerete a "riprogrammare" la vostra anima e la vostra attuale esistenza, raggiungendo una gioia illimitata.
Manuale del Karma rende accessibili al lettore occidentale gli insegnamenti esoterici di questa dottrina, spiega quali sono i quattro differenti tipi di Karma, i concetti di azione e di reazione, di dovere e di reincarnazione. In particolare, John Mumford si sofferma su:

– Il ciclo karmico
– La differenza tra Karma e Dharma
– Il ciclo di rinascita
– Lo Swadharma per la realizzazione nella vita
– Gli insegnamenti karmici della *Bhagavad Gita*
– Il programma di purificazione in 9 giorni
– Come eludere il Karma

Hermes Edizioni – Roma – Via Flaminia 109
Tel. 06/32.35.433 – Fax 06/32.36.277
www.edizionimediterranee.it - www.ediz-mediterranee.com
ordinipr@ediz-mediterranee.com

Fabrizio Ruta - Rossana Tursi

MEDITARE PER GUARIRE

Terapie orientali e occidentali

Esercizi di respirazione, rilassamento, concentrazione e meditazione

La medicina orientale trova l'origine di molte malattie in cause risalenti spesso a vite passate, secondo la teoria della reincarnazione e del Karma. Questo libro supera l'antitesi salute-malattia per proporre una visione del mondo assoluta.

La meditazione è la porta che condurrà a un'evoluzione, sia nel pensiero, sia nello stile di vita: essa consente di entrare direttamente in quella dimensione in cui la salute non si oppone alla malattia, ma è lo stato naturale di ogni essere vivente. Uno dei risultati della meditazione è l'elaborazione, da parte del corpo, di un vero e proprio "elisir" curativo per tutte le cellule dell'organismo. Più che semplice "assenza di malattia", la salute è piuttosto la capacità di superare rapidamente – preferibilmente senza l'ausilio di interventi esterni – qualunque disarmonia organica e psicologica: il segreto consiste nel non interferire nel normale processo di autoguarigione dell'organismo.

Il libro contiene l'esposizione di numerosi e utilissimi esercizi – che possono essere eseguiti anche da soli – e una guida pratica alla meditazione. Le metodologie di allenamento mentale e di meditazione proposte dagli Autori non escludono, comunque, il ricorso ad altri metodi terapeutici come la fitoterapia, l'agopuntura, lo Shiatsu, i fiori di Bach o anche l'allopatia, integrandosi perfettamente con essi.

Hermes Edizioni – Roma – Via Flaminia 109

Tel. 06/32.35.433 – Fax 06/32.36.277

www.edizionimediterranee.it - www.ediz-mediterranee.com

ordinipr@ediz-mediterranee.com